BELEZA
NATURAL

BELEZA NATURAL

LIANA MELO

PRIMEIRA PESSOA

Nota da editora: Foram feitos todos os esforços para dar crédito aos detentores dos direitos sobre as imagens utilizadas neste livro. Pedimos desculpas por qualquer omissão ou erro; nesse caso, nos comprometemos a inserir os créditos corretos a pessoas ou empresas nas próximas edições desta obra.

Copyright © 2015 por Cor Brasil Indústria e Comércio S/A, em colaboração com Liana Melo.

Todos os direitos reservados. Nenhuma parte deste livro pode ser utilizada ou reproduzida sob quaisquer meios existentes sem autorização por escrito dos editores.

preparo de originais: **Melissa Lopes Leite**
revisão: **Alice Dias e Luis Américo Costa**
diagramação: **Valéria Teixeira**
capa: **Raul Fernandes**
foto de capa: **Rodrigo Castro**
impressão e acabamento: **Lis Gráfica e Editora Ltda.**

CIP-BRASIL. CATALOGAÇÃO NA PUBLICAÇÃO
SINDICATO NACIONAL DOS EDITORES DE LIVROS, RJ

M485b

    Melo, Liana
        Beleza Natural / Liana Melo. Rio de Janeiro: Primeira Pessoa, 2015.
        208p.: il.; 16x23 cm.

        Inclui bibliografia
        ISBN 978-85-68377-06-2

        1. Beleza Natural – Empresas. 2. Administração de empresas.
    3. Sucesso nos negócios. I. Título.

15-26405   CDD: 926.58
                                                                                                   CDU: 929:658

Todos os direitos reservados, no Brasil, por
GMT Editores Ltda.
Rua Voluntários da Pátria, 45 – Gr. 1.404 – Botafogo
22270-000 – Rio de Janeiro – RJ
Tel.: (21) 2538-4100 – Fax: (21) 2286-9244
E-mail: atendimento@sextante.com.br
www.sextante.com.br

Para Dolores e Zuleide,
mulheres que me ensinaram
a olhar o mundo.

"Se suas aspirações não forem maiores do que seus recursos, você não é um empreendedor."

C. K. Prahalad

Sumário

Prefácio, por Luiza Helena Trajano 9
Sem falsa modéstia... 12
A dona dos cachos 23
Na laje, a primeira assembleia 36
Um mau começo... 43
Inspiração no McDonald's... 50
Símbolo de status 59
No rastro das Casas Bahia.. 65
Marketing São Tomé 74
A devoradora de livros... 83
Visual *black power* 97
Com o pé na estrada 102
De olho na alta tecnologia.. 108
Da classe C à elite empresarial 113
Os anos Talbot 121
À beira do colapso 128
À procura de um sócio capitalista 138
O quinto elemento 144
A vida depois do casamento 155
Autoestima à venda 164
Fábrica de cachos 179
Dilemas do crescimento 184
Bibliografia 187
Agradecimentos 190

Prefácio

Um dos propósitos do Magazine Luiza é partilhar conhecimento, por isso sempre recebemos empresários para conversar e trocar experiências. Temos um carinho ainda mais especial pelas pequenas empresas, pois acreditamos nelas como a solução para a geração de empregos no Brasil. Foi assim que um dia soube que a Zica, do Beleza Natural, queria vir falar conosco. Eu já tinha ouvido falar dela e do sucesso que vinha fazendo com seu salão para cabelos cacheados no Rio de Janeiro. Recebê-la seria um prazer.

Na época desse primeiro encontro, toda a nossa administração ficava centralizada em Franca, cidade onde foi fundado o Magazine Luiza e que fica a 400 quilômetros de São Paulo. Quem ia do Rio de Janeiro até lá enfrentava uma boa jornada: tinha que pegar um avião até São Paulo, outro para Ribeirão Preto e depois encarar 90 quilômetros de estrada até Franca.

Enquanto esperava por Zica, imaginei que o alvo do interesse dela deveria ser a administração do Magazine Luiza. Seu salão estava crescendo e ela certamente estava envolvida em questões como a ampliação do quadro de colaboradores e a abertura de novas filiais, o que exigia conhecimento financeiro, de fluxo de caixa e de controladoria. A grande maioria das visitas era motivada por esses assuntos.

Para minha grande surpresa, porém, a primeira pergunta feita pela Zica quando conversamos foi: "Como fazer a minha empresa crescer e não perder a alma?" Naquele momento percebi que, além do espírito empreendedor, tínhamos outra coisa em comum: a crença de que é possível crescer sem perder nosso propósito e jeito de ser. Zica notou que o Magazine Luiza conseguia fazer justamente o que ela desejava para sua empresa.

Ela teve a visão de complementar o seu talento com o de outras pessoas, como o do marido, Jair; do irmão, Rogério; e da Leila, uma jovem brilhante focada em processos e sistemas, e que hoje ocupa a presidência da empresa. Fiquei tão admirada com a postura de Zica que marquei um novo encontro com ela pouco tempo depois, quando fui fazer uma palestra no Rio de Janeiro.

Era um final de tarde de uma terça-feira e o salão do Beleza Natural estava completamente lotado, com senhas de espera sendo distribuídas. O ambiente tinha sido planejado com foco no cliente: era limpo, organizado, com sala temática para crianças, recepção confortável, capacidade de atendimentos simultâneos com qualidade. Acabei recebendo uma verdadeira lição de atendimento. Como vendedora, fiquei fascinada.

Sua equipe é profissional, bem-humorada e trabalha com o verdadeiro propósito de servir ao outro. Tudo isso transparecia claramente no ambiente, o que tornava o ato de estar ali muito prazeroso.

Pude conhecer a fundo a história de luta e determinação da Zica, que trabalhou como empregada doméstica e precisava usar um apertado lenço na cabeça para conter as madeixas, mas que tinha o sonho de criar uma fórmula para seu cabelo que não existia no mercado.

Nesse segundo encontro, tiramos muitas fotos e fizemos um filme da visita mostrando o sucesso do salão. Em minhas palestras, quando sinto que preciso dar uma injeção de ânimo na plateia, apresento esse vídeo. Aquela mulher tinha tudo para dar errado, mas não se entregou e foi atrás do seu sonho enfrentando todas as adversidades com coragem.

Aí vem outra parte de sua história que admiro muito. Vencidas as grandes dificuldades iniciais, depois da criação da fórmula e do crescimento do salão, ela poderia simplesmente vender o segredo do Super-Relaxante para qualquer multinacional, ganhar muito dinheiro e garantir seu futuro.

O que diferencia pessoas especiais, como a Zica, das demais não é apenas dinheiro, mas sua capacidade de vislumbrar uma missão e, como costumo dizer, querer deixar um legado.

E o legado de Zica vai além dos empregos que ela gera, além do sustento que possibilita a muitas famílias. Passa por um propósito muito mais profundo, pela autoestima de todo um povo que não contava com serviços de beleza especialmente voltados para ele e que agora se sente atendido, com a categoria e a classe que merece.

Esse resgate social realizado pela Zica e sua equipe é uma história digna de livro, por isso fiquei muito feliz quando tive a notícia de que ele de fato seria lançado. O Beleza Natural é uma inspiração para todas nós, mulheres.

– Luiza Helena Trajano,
presidente do Magazine Luiza

Sem falsa modéstia

"*How far do you want to go?*" Aonde vocês pretendem chegar? A pergunta foi dirigida a Heloísa Helena Belém de Assis, a Zica, uma das fundadoras do Beleza Natural, durante a sabatina da Endeavor, em Miami, em maio de 2005. Até então Zica se mantinha calada. Ela não sabia falar inglês. Era sua sócia Leila Velez, fluente no idioma e com domínio do linguajar corporativo, quem defendia o caso da empresa brasileira diante da banca internacional.

Ganhar a chancela da Endeavor – ONG que oferece o apoio de grandes empresários a empreendedores com alto potencial de crescimento, em especial em países em desenvolvimento – seria um enorme feito para a rede de cabeleireiros que começara sua trajetória em 1993 com um salão de fundo de quintal no subúrbio carioca.

Ao ouvir a tradução da pergunta, Zica se levantou e disparou a falar. Emendava uma frase na outra, com entusiasmo. Seus braços não paravam quietos, enquanto os cabelos eram jogados pra lá e pra cá, realçando os cachos perfeitos. Zica é daquelas que falam com as mãos, com os braços, com o corpo inteiro, pontuando cada frase com um largo sorriso. Seu poder de convencimento é admirável, assim como seu carisma.

"Quero conquistar o mundo", respondeu sem falsa modéstia, dando voz também ao sentimento compartilhado com Leila e com os outros dois sócios da rede – seu irmão Rogério Assis e seu marido,

Jair Conde –, que tinham viajado para Miami para ver aquele sonho se transformar em realidade. Os avaliadores ficaram impressionados com tamanha eloquência. Nem precisaram esperar a tradução para tirar suas conclusões. O entusiasmo de Zica e o brilho nos olhos dos quatro sócios, somados à história da empresa e ao modelo de negócios apresentado por Leila, já diziam tudo.

~

Havia cinco meses que o quarteto do Beleza Natural se preparava para aquele dia – desde que Leila soube que a empresa tinha sido selecionada para concorrer ao prêmio Empreendedores do Novo Brasil e, ao mesmo tempo, disputar uma vaga no rigoroso processo seletivo da Endeavor.

Em 2004, o Beleza Natural havia faturado 14 milhões de reais e empregava 350 funcionários, todos com carteira assinada. Era dinheiro à beça, comparável apenas ao desempenho das grandes redes do setor voltadas para um público de alta renda. Também naquele ano, tinham inaugurado uma fábrica própria, a Cor Brasil, em Bonsucesso, Zona Norte do Rio de Janeiro. Era um negócio iniciado do zero, com parcos recursos, mas acompanhado de uma inovação tecnológica até então inexistente no mercado.

Entre os concorrentes do principal produto da empresa – o Super-Relaxante, que, no lugar de alisar, transforma o cabelo crespo em cachos bem definidos –, havia pesos pesados da indústria mundial de cosméticos. O mercado brasileiro estava em ebulição, impulsionado pelo surgimento de uma nova classe média emergente. Um ano antes, L'Oréal, Procter & Gamble e Unilever haviam descoberto o segmento étnico. A multinacional francesa inaugurou um laboratório de pesquisa para cabelo e pele afro no Brasil. A adversária americana lançou sua primeira linha de produtos voltada para mulheres negras. A companhia anglo-holandesa começava a pesquisar sobre cabelos crespos, além de estudar o lançamento de novos produtos para esse segmento de mercado.

Enquanto os grandes *players* do setor davam os primeiros passos para conquistar a preferência das consumidoras das classes C e D, os salões do Beleza Natural já atendiam em média 16 mil mulheres por mês. Eram, em sua maioria, negras – apesar de a empresa não estar posicionada como um salão afro. O público-alvo estava na faixa de 20 a 45 anos, mas entre os clientes era possível encontrar crianças, idosas e até homens.

Além de uma fábrica, a empresa contava com quatro salões localizados no Rio de Janeiro: Tijuca (Zona Norte), Jacarepaguá (Zona Oeste), Duque de Caxias (Baixada Fluminense) e Niterói (Região Metropolitana). Eles planejavam inaugurar um quinto endereço em Vitória, capital capixaba – a primeira filial fora do estado do Rio. Os salões recebiam clientes de outros estados e, naquele momento, os sócios começavam a considerar alternativas de crescimento. A franquia estava entre as opções estudadas.

O Beleza Natural se encaixava como uma luva nos objetivos da Endeavor. A ONG estava interessada em projetos baseados em inovação, com potencial de crescimento e focados na base da pirâmide social. Entre os anos de 1992 e 2000, a mobilidade social empurrou 3,4 milhões de domicílios para a classe C. O Brasil começava a mudar e o lado invisível dessa transformação em curso, proporcionada pelo Plano Real e o controle da inflação, era a escalada dos consumidores de baixa renda – justamente o público-alvo do salão.

～

O caminho trilhado pelos quatro sócios foi longo até chegarem à sabatina da Endeavor. Hélio Machado, um dos coordenadores da ONG, tinha 22 anos quando se encontrou pela primeira vez com o quarteto. Até então, havia trocado apenas algumas mensagens e mantido duas conversas por telefone com Leila. Confessa que ficou surpreso quando os conheceu. Desde que o escritório brasileiro da Endeavor fora inaugurado, era a primeira vez que recebia a visita de empreendedores negros.

Bastou colocar o pé no escritório da Endeavor – um prédio suntuoso em um bairro nobre de São Paulo – para que Zica se sentisse em casa. Distribuía beijos e sorrisos como se estivesse no Catrambi, favela carioca onde nasceu e foi criada.

Machado estava mais preparado para lidar com o jeito sisudo dos homens de negócios do que com a espontaneidade de mulheres como Zica. Ainda que não tivesse contato direto com os conselheiros da ONG, o rapaz seguia à risca a cartilha da instituição, que se espelhava no modelo de gestão implantado pelo trio Jorge Paulo Lemann, Marcel Telles e Beto Sicupira em seus próprios negócios e também na Endeavor, trazida para o Brasil por Sicupira quatro anos antes. Os três eram membros do conselho.

Desde a abertura do escritório-sede da Endeavor, seus executivos varriam o território nacional à procura de empresas pequenas com potencial de crescimento. Empreendedores de peso já faziam parte do portfólio. À época, os exemplos mais emblemáticos eram a Tecsis e o Spoleto. A primeira produz pás de turbinas de vento, a segunda vende massa em uma espécie de fast-food onde o cliente monta seu próprio prato.

O engenheiro da Tecsis Bento Koike, formado pelo Instituto Tecnológico da Aeronáutica (ITA), exportava para Estados Unidos, Alemanha e Holanda – países onde a geração de energia eólica tem um peso importante na matriz energética. Sediada em Sorocaba, interior de São Paulo, sua empresa se tornou uma das maiores fabricantes mundiais de turbinas eólicas e entrou para a lista das 10 companhias mais inovadoras da América Latina no ranking da revista americana *Fast Company*, referência em tecnologia e design.

Eduardo Ourivio e Mário Chady, amigos de adolescência do tradicional Colégio Santo Inácio, no Rio de Janeiro, transformaram um quiosque de comida italiana em uma rede de 340 restaurantes espalhados pelo país, afora as lojas abertas no exterior. Os sócios engordaram a empresa criando o Grupo Trigo, holding das redes de alimentação Domino's Pizza e Koni Store, além do próprio Spoleto.

Leila ouviu falar da Endeavor pela primeira vez em 2004, quando esteve em Brasília para participar de um evento do Serviço Brasileiro de Apoio às Micro e Pequenas Empresas (Sebrae). O convite veio após a apresentação do case do Beleza Natural num dos cursos de que participou. Um dos palestrantes era Mário Chady, que, na ocasião, explicou como a Endeavor o havia ajudado a crescer.

Leila era uma das 2 mil pessoas na plateia. Ao final da palestra, procurou Chady para saber mais detalhes sobre o prêmio Empreendedores do Novo Brasil e o trabalho da Endeavor. Voltou para casa convencida de que não poderiam perder nenhuma das duas chances.

A inscrição era realizada pela internet, e Hélio Machado acompanhava tudo em tempo real. Ambas as inscrições ocorriam simultaneamente, mas as exigências para virar uma "empresa Endeavor" eram bem mais complexas: faturamento anual acima de 1,5 milhão de reais e comprovação de demanda. Não bastava um produto inovador, até mesmo revolucionário, se ninguém estivesse interessado.

Preencher o formulário do prêmio foi fácil, já o da ONG... O prazo estava chegando ao fim e o Beleza Natural não concluía a inscrição. Dois itens continuavam em branco: as informações sobre os controles financeiros e o balanço da empresa. Faltando dois dias para o encerramento, Machado quebrou o protocolo: telefonou para Leila, lembrou que o prazo estava se esgotando e disse que gostaria de ter a oportunidade de avaliar a empresa. Leila admitiu a dificuldade para explicar o que a empresa fazia, além de reclamar que o formulário era complicado demais. Machado concordou. Enquanto conversava com Leila, se lembrou de dois mantras que costumam guiar a Endeavor. O primeiro: "É melhor um empreendedor incrível com um negócio mediano do que um negócio incrível com um empreendedor mediano." O segundo: "Empreendedor nunca tem tempo e os melhores são aqueles de quem você precisa correr atrás."

Antes de desligar, tirou uma dúvida em relação ao faturamento da empresa. Ele suspeitava que houvesse uma vírgula faltando entre o 1 e o 4 – ou seja, que o faturamento fosse de 1,4 milhão, e não de 14 milhões. Nem acreditou quando ouviu que o valor era aquele mesmo, que não ocorrera nenhum engano. "Fiquei de queixo caído", conta Machado, que disfarçou seu entusiasmo ao telefone. Limitou-se a orientar a candidata a enviar a ficha de inscrição e assegurar que os sócios seriam chamados para uma entrevista. Só que os dias se passavam e nada de Leila enviar o formulário. Ele já tinha se convencido de que ela não faria a inscrição quando, a dois minutos do encerramento, o formulário chegou.

O Beleza Natural não levou o prêmio Empreendedores do Novo Brasil, mas ficou entre os 10 finalistas, o que aumentava ainda mais as chances de participar do processo seletivo para se tornar uma "empresa Endeavor". A disputa naquele ano foi tão acirrada que o décimo colocado recebeu nota 3,04 e o décimo primeiro, 2,91. Não houve tempo para comemorações. Era preciso se preparar para enfrentar a banca da Endeavor dali a alguns meses.

～

O processo seletivo da Endeavor é duríssimo – apenas 1% das cerca de 2 mil empresas que participam da avaliação anual é aprovada. São considerados o perfil do empreendedor, o potencial de crescimento, as inovações do negócio e o impacto que a ONG pode ter para a empresa. Para chegar ao final da seleção, é preciso vencer ainda outras quatro etapas: entrevistas com o time Endeavor, conversas com mentores da organização, apresentação do negócio ao conselho da entidade no Brasil e avaliação da banca internacional composta por mentores de diferentes partes do mundo, ocasião em que se faz necessária aprovação por unanimidade. O esforço compensa. Quem passa pelo funil tem à disposição uma rede de mentores e empreendedores espalhada por 20 países da América Latina, Europa e Ásia.

O empreendedor costuma ter um período de 12 a 18 meses para se preparar. Mas os sócios do Beleza Natural entraram numa disputa em andamento e não tiveram escolha a não ser correr contra o tempo. Precisavam estar prontos em cinco meses. Antes de enfrentar a banca de avaliadores, a empresa foi virada pelo avesso. A etapa mais difícil foi consolidar os dados financeiros, o que confirma a tese de que microempresários costumam relegar a segundo plano a parte financeira do negócio.

Foram cinco meses de tensão, um período em que os sócios foram para o divã, junto com a empresa. Eles participaram de entrevistas, apresentaram relatórios e tiveram conversas com alguns pesos pesados do empresariado nacional que faziam parte do conselho da Endeavor. Quanto mais mergulhavam no próprio negócio e aprendiam sobre empreendedorismo, mais se convenciam de que o apoio da entidade significaria uma guinada de 180 graus.

O Beleza Natural chegara a uma encruzilhada. Vinha crescendo, mas a pressão do dia a dia e a ausência de profissionais experientes levavam os sócios a dar cabeçadas, ainda que tivessem acumulado muito mais vitórias do que derrotas naqueles 12 anos.

∼

Chegou o dia do primeiro desafio do quarteto: a etapa nacional da sabatina. Os sócios embarcaram cedo para São Paulo. Estavam nervosos e mais ansiosos do que nos dias que antecederam à inauguração do primeiro salão da rede, na Muda, Zona Norte do Rio. Enquanto esperavam o elevador para o escritório de advocacia Barbosa, Müssnich & Aragão (BM&A), onde se apresentariam diante da banca, Leila lembrou que não tinha em mãos um dado importante: o custo de aplicação do Super-Relaxante. Ligou para a sede da empresa no Rio para colher informações de última hora. Sua preocupação não foi em vão. A pergunta foi uma das primeiras.

Na banca, Lemann e Beto Sicupira (ambos conselheiros da Endeavor), Emílio Odebrecht (da Odebrecht), Júlio Ribeiro (da agência de publicidade Talent), Paulo Cezar Aragão (o "A" do BM&A), Pedro Passos (da Natura) e Marília Rocca (a primeira presidente da Endeavor Brasil).

Os sócios tinham 15 minutos para apresentar o negócio. A exposição seria seguida de uma sessão de perguntas e respostas. Leila lembra que a banca da Endeavor não deu trégua aos sócios: "Só faziam perguntas difíceis." O quarteto tinha feito o dever de casa em tempo recorde e estava afiado. Zica contou sobre sua vida e sua fórmula inovadora. Leila explicou o modelo de negócios. Rogério apresentou os números. Deram um show. O tempo da apresentação foi preciso. Nem um minuto a mais. Vieram as perguntas, e mais uma vez mostraram grande preparo, com respostas na ponta da língua. O cronômetro novamente foi respeitado. Passos, sócio-fundador da Natura, ficou encantado:

Os sócios do Beleza Natural têm brilho nos olhos e vontade de aprender. Transmitiram isso com bastante clareza. Eles sempre cuidaram dos detalhes, mesmo quando tinham limitação de capital ou de competências internas.

A apresentação também deixou boas lembranças para o advogado Paulo Cezar Aragão. Desde então, ele compara Zica a um dos mais renomados cirurgiões plásticos do Brasil e do mundo, Ivo Pitanguy, que se notabilizou por vender autoestima em forma de narizes, orelhas ou bustos novos. A sócia-fundadora do Beleza Natural também lançou mão desse conceito para explicar seu negócio. Disse que vendia autoestima, e não tratamento de cabelo.

Zica falava com conhecimento de causa. É negra, nasceu pobre e foi criada em uma favela. Sua trajetória pessoal não foi inventada para emocionar o consumidor, como ocorre com muitas empresas que criam histórias fictícias para se diferenciar dos concorrentes. Ela ganhou a vida como faxineira antes de descobrir sua fórmula caseira e desenvolver uma técnica para tratar cabelos crespos.

Os sócios do Beleza Natural mostraram que o setor de higiene pessoal, perfumaria e cosméticos vivia um período vigoroso. Seu crescimento médio entre 2001 e 2003 foi de 8,2%, enquanto o PIB cresceu 2,6%. À época, o Brasil já ocupava um lugar de destaque no mercado de beleza: 7ª posição em produtos para cabelos, segundo o Euromonitor. O quarteto lançou mão ainda de pesquisas do IBGE para atestar o potencial de crescimento: havia 2 milhões de mulheres negras ou pardas entre 14 e 45 anos no estado do Rio de Janeiro.

Ao final da apresentação, Zica, Leila, Rogério e Jair foram aplaudidos de pé – algo raro por ali. Chamou atenção da banca o fato de já pensarem em expansão, apesar da escassez de recursos para ampliar o negócio. Os sócios deixaram também a impressão de complementaridade. Um dos avaliadores da Endeavor disse que as mulheres se apresentaram como "donas de forte visão holística e estratégica do negócio; os homens, com raciocínio lógico e estruturado".

Dentre os maiores desafios apontados pela banca, estavam o modelo de crescimento a adotar, a adequação da logística de distribuição dos produtos e a necessidade urgente de "profissionalização dos quadros da empresa, já que muitos dos cargos de alta gerência eram ocupados por familiares e antigos funcionários com limitada experiência fora da empresa".

O desempenho na fase nacional do processo de seleção chegou aos ouvidos dos membros da banca internacional, composta por Nicholas Beim, então sócio do fundo americano Matrix Partners, e Patrick Morin, CEO da empresa de recursos humanos ProPay. A combinação de inovação tecnológica com uma percepção dos sócios de que, em lugar de fabricar apenas cachos, poderiam vender autoestima em massa fez com que o case do Beleza Natural se destacasse. Os empreendedores haviam compreendido a íntima relação entre cabelo, aparência e cidadania.

~

Leila, única entre os quatro sócios que falava inglês, se dedicou a afiar ainda mais o idioma para a próxima etapa do processo seletivo, que ocorreria em Miami. Além disso, fez uma espécie de *media training*, respondendo a perguntas capciosas que a obrigavam a dar respostas elaboradas em outra língua. Depois de um mês de treinamento, estava pronta. No dia da avaliação, o nervosismo era imperceptível.

Às vésperas de comprar as passagens para os Estados Unidos, Leila reuniu os sócios e sugeriu que aproveitassem a viagem para dar um pulo em Orlando, na Flórida. Queria conferir pessoalmente o que tinha lido nos livros e ouvido nas palestras do americano Jim Cunningham, que fora coordenador da Disney University durante 14 anos e passara a dar cursos sobre "A Magia da Disney".

A excelência dos serviços nos parques da Disney se tornou um case admirado e copiado no mundo todo. A atenção aos detalhes é uma espécie de religião e nada pode atrapalhar o momento mágico da visita. Os sócios do Beleza Natural queriam adaptar essa filosofia para os seus salões. Estavam atrás também de uma solução para um problema que os atormentava desde os primeiros meses do instituto: as longas filas de espera, que às vezes chegava a quatro horas.

Na tentativa de acelerar o atendimento nos salões, Leila já buscara inspiração em outro símbolo da cultura americana, o McDonald's, empresa onde começara sua vida profissional, aos 14 anos. Da cadeia de fast-food, ela clonara as células de produção. A ideia era produzir cachos em série. O novo processo minimizou o problema das filas, mas não acabou com ele.

Dez dias antes da sabatina da Endeavor, os sócios embarcaram, então, para Orlando à procura de um novo arsenal de táticas para driblar o problema das filas. Enquanto Leila, Rogério e Jair foram a campo fazer sua pesquisa, Zica se afastou do grupo e entrou em uma das inúmeras lojas do Magic Kingdom. Saiu de lá com uma peruca *black power* na mão. Era uma réplica perfeita de seus cabelos quando o Beleza Natural ainda não existia. Zica mostrou o suvenir e avisou que, se fosse preciso, poderia usá-lo na apresentação à banca internacional. O quarteto saiu da Disney com ótimas ideias para encantar suas clientes e inspirado para a sabatina que aconteceria dali a alguns dias.

Durante a apresentação, Zica não chegou a usar a peruca para ilustrar a mudança que seu produto, o Super-Relaxante, proporciona ao cabelo das clientes. Mesmo assim, o poder de transformação que o Beleza Natural tem na vida de suas clientes foi reconhecido e aprovado pela banca internacional da Endeavor.

Hoje o Beleza Natural é uma referência mundial por sua cultura de excelência e serviço. A empresa foi citada como um dos dez casos mais emblemáticos de empreendedorismo da última década no livro *Crazy Is a Compliment* (Louco é elogio), escrito pela presidente da Endeavor Global, Linda Rottenberg, que abre e fecha seu texto citando o exemplo de Leila e seus sócios. Com um faturamento de 250 milhões de reais em 2014 e a meta de chegar a 120 lojas até 2018, a rede de cabeleireiros está no caminho para cumprir as palavras proféticas de Zica – e conquistar o mundo.

A dona dos cachos

Foi em 1983 que Zica decidiu dar um basta naquela situação. Iria percorrer uma longa e tortuosa jornada até transformar sua mistura caseira em um negócio lucrativo. Tufos e mais tufos de cabelo ficariam pelo caminho à medida que aplicava sua fórmula feita em casa. Nada conseguia demovê-la da ideia de fazer seus cachos balançarem. Bastava se olhar no espelho para sonhar com o dia em que jogaria seus cabelos de um lado para outro, como em um comercial de televisão.

Só que seus cachos tinham vontade própria. Não se mexiam. Por serem volumosos, cresciam exclusivamente para o alto e para os lados, nunca para baixo – características intrínsecas aos cabelos crespos.

Nenhum produto disponível no mercado, nos anos 1970 e 1980, proporcionava o efeito desejado. Não era frivolidade o que movia essa carioca, nascida e criada na favela do Catrambi, localizada nos arredores do morro do Borel, na Tijuca, Zona Norte do Rio. A vida se encarregou de transformar a menina pobre em uma mulher decidida a desconstruir o olhar preconceituoso que recaía sobre seus cabelos crespos. Era quase uma missão autoimposta.

"Pixaim", "cabelo duro", "cabelo ruim", "cabelo de arame", "cabelo de Bombril" foram alguns dos apelidos colecionados na infância. Na escola, a professora não a deixava se sentar nas primeiras fileiras. A alegação era sempre a mesma: seu cabelo, volumoso demais, armado demais, atrapalhava a visão dos colegas. O fundo da sala de aula era o único lugar permitido à pequena. Ela engolia em seco e se dirigia às últimas cadeiras. A menina nunca sentiu raiva da professora, mas percebia o preconceito subjacente ao comentário.

Chegou à vida adulta sem realizar o desejo infantil de sentar-se nas primeiras fileiras de cadeiras da sala de aula, mas foi à luta para mudar essa realidade. Durante uma década, perseguiu uma fórmula mágica. Ou, pelo menos, o que considerava ser uma mistura química capaz de manter a originalidade do seu cabelo e ainda transformar seus cachos intensos em um novo padrão de beleza e de estética. Demorou, mas ela conseguiu.

A busca durou de 1983 a 1993. Zica tinha 23 anos quando iniciou suas experimentações caseiras. Ainda era solteira, morava na casa dos pais, no Catrambi, e vivia de faxinas. De mangas arregaçadas, encostava a barriga no tanque e misturava aleatoriamente produtos para cabelo disponíveis no mercado com matérias-primas já manipuladas pela indústria de cosméticos: hidróxidos de amônia, de sódio e de cálcio, tioglicolato de amônia e henê.

As experiências incluíam diferentes combinações. Como era de esperar, o primeiro teste foi desastroso. Assim como o segundo, o terceiro, o quarto, o quinto... Ora a mistura desandava, ora o creme ficava cheio de caroços. Às vezes, se transformava em algo indefinido e malcheiroso. Em outras ocasiões, provocava um efeito indesejado, o alisamento total. E o pior: a química causava coceira e, com frequência, queimava o couro cabeludo. Por pouco, Zica não ficou careca, assim como seu irmão Rogério, sua cobaia.

Dez anos mais novo, Rogério sempre foi um grande parceiro da irmã e fazia todas as vontades dela. Era costume na família os irmãos mais jovens obedecerem aos mais velhos. Sem conhecer nada de química, Zica chegava a misturar produtos incompatíveis. O irmão não se importava com os efeitos colaterais. Quando dava errado, cortava o cabelo bem curto ou passava máquina zero. O jeito era esperar crescer para fazer novos testes. Dos 12 irmãos, Rogério foi o único escolhido.

Por mais que fosse criticada por sua insistência, Zica tinha a convicção de que estava no caminho certo. Não pensava em abrir um salão, virar empresária, ficar famosa. Queria apenas achar uma alternativa para si própria. Afinal, na década de 1980, a indústria não parecia interessada em atender a esse tipo de demanda. O país vivia a década perdida, com crescimento baixo e inflação alta. O mercado de cosméticos, assim como a imensa maioria das empresas nacionais, não apostava em produtos que não tivessem a certeza do sucesso.

O segmento de produtos para cabelos se voltava apenas para fios normais, secos ou oleosos. Os crespos eram negligenciados. Para estes, havia apenas o tradicional henê, que nem de longe era uma solução. Nenhum investimento era feito em pesquisa e desenvolvimento para o segmento, ainda que cerca de 70% da população brasileira tenha cabelo de ondulado a crespo. Os empresários e executivos do setor ignoravam o fato de o Brasil ser um país miscigenado. A indústria de cosméticos só tinha olhos para as consumidoras de cabelo liso e pele branca.

Zica cansou de ser chamada de louca e ouvir que estava sonhando alto demais. Imbuída do espírito de cientista amadora, estava convencida de que, com um pouco mais de paciência e muita perseverança, chegaria a um resultado satisfatório. Ficar bonita, para ela, não era um sinal extremo de vaidade feminina. Era, no seu íntimo, um ato de resistência ao padrão vigente: o cabelo liso.

A persistência de Zica é um traço de personalidade comum também a duas mulheres que viraram lendas na indústria de cosméticos e que deixaram um legado inspirador.

Uma delas foi Sarah Breedlove, que, assim como Zica, criou um produto para resolver um problema pessoal. Filha de dois ex-escravos, nasceu em 1867, pobre, em um país praticamente destruído pela Guerra Civil. O Sul dos Estados Unidos sofria com escassez de água. Por falta de acesso a água limpa e saneamento básico, a menina da Louisiana contraiu uma doença que fez seus cabelos caírem. Mais tarde, inconformada, iniciou testes para produzir um xampu caseiro, à base de ervas, e uma pomada que continha enxofre. Para sua surpresa, a fórmula deu certo. Seus cabelos voltaram a crescer. Animada com o resultado, prosseguiu nas pesquisas. Criou novos produtos e, antes de completar 40 anos, abriu uma empresa. O negócio virou um império e ela se transformou na primeira milionária negra dos Estados Unidos.

Após se casar com Charles Walker, Sarah passou a ser conhecida como madame Walker, e assim batizou seus produtos, que eram vendidos de porta em porta, especialmente na região Sul do país, onde vivia a imensa maioria da população negra americana. Dois anos depois de abrir seu próprio negócio, Sarah inaugurou uma escola em Pittsburgh para treinar suas companheiras de trabalho. Chegou a empregar 3 mil mulheres. Ter cabelos crespos era pré-requisito para virar sua funcionária.

Ainda que nunca tenha sido uma precondição para trabalhar no Beleza Natural, ter cabelos crespos ajuda, sobretudo quando a candidata vai estar em contato direto com a clientela. É uma receita eficiente para criar um clima de cumplicidade entre cliente e funcionária. Uma é espelho da outra quando o assunto gira em torno de histórias de vida envolvendo o cabelo crespo em um país que vive sob a ditadura do liso.

A persistência também foi o caminho seguido por Helena Rubinstein alguns anos depois de Sarah Breedlove. Sua saga ocorreu do outro lado do Atlântico. A polonesa trocou o subúrbio da Cracóvia, onde vivia em um bairro pobre chamado Kazimierz, por Melbourne, na Austrália. Caso não tivesse ido embora, seria obrigada a realizar o desejo do pai, Hertzel Rubinstein. Ele queria ver a filha casada e obediente ao futuro marido.

Em 1896, a jovem de 24 anos embarcou sozinha no navio *Prinz Regent Luitpold* para se livrar da pobreza. A mulher que "inventou quase tudo sobre a cosmética moderna e os meios de democratizá-la", como escreveu a jornalista francesa Michèle Fitoussi no livro *A mulher que inventou a beleza – A vida de Helena Rubinstein*, começou a fazer experimentações, todas as noites, antes de se deitar. Helena queria desvendar o segredo da sua mãe, Augusta Silberfeld, que passava nela e nas irmãs um creme caseiro no rosto que deixava a pele hidratada, linda e sem manchas. As australianas de Melbourne, sempre muito queimadas de sol, morriam de inveja da sua pele alva.

Helena testou várias misturas combinando ervas, cascas de pinheiro, gergelim, essência de amêndoas, azeite, cera. A textura se perdia – líquida demais, por vezes; noutras, seca e grudenta. Michèle descreve o temor de Helena de acordar com a pele cheia de espinhas. Até que um dia ela leu em um livro de cosmetologia sobre os poderes suavizantes da lanolina. Em silêncio, saboreou a revanche. Tinha chegado à fórmula secreta da sua mãe. Lembrou-se de que, para eliminar o cheiro forte da lanolina, Augusta passava água de rosas ou lavanda e depois enxaguava o rosto das filhas com bastante água. "O produto era o elo que lhe faltava para transformar chumbo em ouro", escreveu a jornalista francesa sobre a mulher que transformou a indústria da beleza em um negócio milionário.

A distância geográfica e temporal que separa Sarah, Helena e Zica é abissal, assim como o tamanho das empresas que vieram a comandar. Do ponto de vista econômico, o negócio da americana e o da polonesa, que virou um império, não são comparáveis ao da carioca do Catrambi – mas a perseverança, sim.

Apesar da frustração de nunca ter se sentado perto da professora na infância, foi na passagem para a adolescência que Zica percebeu o significado de ter nascido com o cabelo crespo em um país que impõe o liso como sinônimo de beleza. Se na infância sua aparência já era motivo de restrições, quando entrou precocemente no mundo do trabalho a intolerância ficou ainda mais evidente. Suas qualidades como faxineira e empregada doméstica logo foram apreciadas, mas os seus cabelos...

Com apenas 11 anos, Zica varria, limpava móveis e tapetes como poucas e ainda deixava o banheiro e a cozinha brilhando. Foi com Dulce, sua mãe – falecida em fevereiro de 2015 –, que aprendeu a arrumar, lavar e passar. Quando era a sua vez de fazer a faxina de casa, nenhum dos irmãos podia desarrumar nada. A adolescente não queria saber se a casa de apenas 20 metros quadrados era habitada por 15 pessoas, entre crianças e adultos. Qualquer coisa fora do lugar era motivo de briga. Os irmãos, inclusive os mais velhos, obedeciam.

Tamanha dedicação e capricho, no entanto, não eram suficientes para atender às exigências das patroas, que implicavam com seu cabelo cheio e volumoso. Como a menina não queria nem cortá-lo nem alisá-lo, passou a usar um lenço na cabeça. De tão apertado, feria suas orelhas. Quando chegava em casa, precisava tomar remédio para dor de cabeça. A lembrança dessa fase da vida a deixa triste até hoje. Mas isso era melhor do que se livrar do cabelo crespo. Graças a ele, entrava de graça no baile do Renascença Clube, endereço na Zona Norte carioca que virou referência no movimento soul da cidade.

Como não tinham dinheiro para o ingresso, Zica e seu irmão Mário, quatro anos mais velho, disputavam o concurso do mais bonito *black power* – estilo que dominou a moda nos anos 1970 – da noite. A dupla ganhava sempre e entrava de graça no baile da semana seguinte.

Com exagero, Zica brinca que seu cabelo e o do irmão eram tão volumosos – meio metro para os lados e mais meio metro para cima – que não conseguiam ficar perto um do outro. Era um cabelo naturalmente crespo, sem interferência química.

O cabelão recebia tratamento especial. Seu avô materno trabalhava consertando hastes de guarda-chuva e fazia para os netos pentes específicos, com dentes largos, já que Zica e Mário não tinham dinheiro para comprar o acessório. É um tipo de pente conhecido como "garfo". Os adversários do concurso do Renascença nunca descobriram o segredo da dupla. O pente era escondido a sete chaves pelos irmãos.

A indumentária para a festa seguia os padrões estéticos da época: calça boca de sino, batas indianas e muitos cordões. Apesar da pouca idade, Zica se esbaldava na pista ao som de Tony Tornado, no auge do sucesso de "BR-3", e de James Brown, o rei do soul. Ainda hoje é capaz de sair dançando, onde estiver, se ouvir James Brown cantando *Get up, get on up / Get up, get on up / Stay on the scene, like a sex machine*.

Constrangimentos maiores do que os vividos na infância ainda estavam por vir. Para desgosto de Zica, o disfarce do lenço na cabeça teve vida curta. Como se esforçava para fazer o melhor, logo surgiu outro trabalho de faxina. A nova patroa era bem mais dura no quesito aparência.

Logo no primeiro dia foi informada sobre a proibição do acessório. Zica não teve escolha. Como explicar para a mãe que preferia manter seu cabelo naturalmente crespo e abrir mão do emprego? Zica não ousou contrariar as exigências da patroa e, muito menos, da própria mãe. Sabia que, se fizesse isso, ouviria de Dulce palavras duras, que serviam para todos os filhos, não apenas para ela: "Se você tem idade para trabalhar, vai trabalhar. Caso contrário, seus irmãos menores não terão o que comer!"

Era praxe na família os filhos mais velhos se virarem com pequenos bicos. Entre os meninos, as tarefas iam de carregar tijolos e baldes de água a arear panelas, em troca de alguns tostões, para os vizinhos endinheirados do Alto da Boa Vista, a porta de entrada da Floresta da Tijuca, vizinho ao Catrambi. Entre as meninas, era comum empregarem-se nas casas de classe média da redondeza. Como a família Assis era numerosa, tinha muita gente para comer, mas também muitos braços para ajudar. A mãe lavava e passava para fora, além de cuidar dos filhos em casa. Seu marido, João, pai dos seus 13 filhos, vivia de biscates e o dinheiro não era suficiente para alimentar tantas bocas. João ainda gostava de beber e não raro voltava para a casa alcoolizado e sem dinheiro no bolso.

A filha do meio de Dulce e João, também já falecido, não teve escolha. Alisou o cabelo no quintal da casa de uma vizinha com o bom e velho henê – pasta à base de metais pesados, principalmente chumbo – e passou, em seguida, o pente de ferro. Colocou bobes para finalizar o penteado. Depois de repetir a aplicação do produto algumas vezes, olhou-se no espelho e constatou que tinha perdido seus cachos. Seu cabelo ficou totalmente liso, como o das índias. Morria nesse dia a musa adolescente do baile do Renascença.

Alisar o cabelo é prática recorrente nos lares brasileiros – especialmente quando a menina negra entra na adolescência, como foi o caso de Zica. A rotina já virou tema de música e assunto de teses acadêmicas. As tradicionais embalagens de henê costumam mostrar uma negra sorrindo com os cabelos escorridos.

Zica ganhou o novo emprego, mas perdeu sua alegria genuína. O cabelo alisado, e classificado como "bom", dava o maior trabalho. Um simples vento era suficiente para desfazer o efeito Cinderela. Se chovesse, então, ele rapidamente voltava às origens. A menina ganhou um emprego e perdeu sua identidade. Tornou-se uma adolescente triste. Passou a se sentir feia. Mas compreendeu, por experiência própria, o peso social do cabelo. Antes, quando ia trabalhar nas casas das patroas da classe média carioca, percebia que, por ele ser muito cheio, era associado a sujeira ou desleixo. A exuberância só retornaria na vida adulta, após recuperar a originalidade dos cabelos e sair pelas ruas exibindo seus cachos. Demorou 10 anos para voltar a se achar bonita.

Quando tinha 23 anos, Zica decidiu colocar a mão na massa e improvisar um minilaboratório na cozinha do barraco onde morava com a família, um casebre à rua Caetano de Campos. Foi lá que ela e seus 12 irmãos nasceram e foram criados. Na infância, ajudava a mãe espalhando baldes pela casa, que ficava encharcada em dias de chuva. O telhado era de folhas de zinco, que voavam com vento forte. Zica perdeu a conta de quantas vezes ela e os irmãos dormiram ao relento.

No calor carioca, o barraco virava uma sauna. O banheiro era do lado de fora, em um terreno compartilhado pelos vizinhos, em sua maioria tios e primos. A numerosa família se espremia em um espaço minúsculo, feito de restos de madeira, latão e papelão. A casa, com chão de terra batida, ficava na encosta de um morro, local considerado de risco pela Defesa Civil. Era comum a família receber visitas indesejadas de pequenos animais que vinham do mato, como ratos, aranhas-caranguejeiras e escorpiões. Para afugentá-los, Dulce passava querosene na casa praticamente todos os dias. O fogão, onde fazia a comida para a família, era de apenas uma boca e aquecido com querosene. As condições precárias da habitação não inibiam o zelo. A dona da casa guardava os mantimentos em latas, que, nos fins de semana, eram areadas e polidas religiosamente. Não havia espaço para desperdício ou descuido.

À medida que os filhos cresciam, Dulce melhorava de vida. Uma ajuda aqui, outra acolá, a matriarca foi ampliando o casebre, que virou uma casa de dois quartos. A filha, hoje rica e famosa, tentou, durante anos, convencer a mãe a morar com ela. O convite nunca foi aceito. Dulce sempre preferiu viver sozinha, no mesmo endereço onde educou todos os filhos e onde estão, até hoje, irmãs e amigas de longa data. Abria exceção no inverno, quando, por questões de saúde, era obrigada a ficar longe de locais frios e úmidos, como é o caso do Catrambi. Mas Dulce costumava passar os dias inconsolável, querendo voltar logo para sua casa.

As primeiras misturas da pasta caseira e rudimentar de Zica foram feitas ainda na casa da mãe. Já casada com Jair, 20 anos mais velho, ela continuou as experimentações na sua própria casa, vizinha à de dona Dulce. Era uma residência de três quartos, com uma pequena varanda. O casamento foi em 1984. Zica tinha 24 anos e uma filha, Claudineia, a Neca, de 2 anos, de um relacionamento anterior. Acostumada à vida no Catrambi, Zica preferiu continuar no bairro em vez de se mudar para a favela da Casa Branca, nas proximidades do morro do Borel, onde Jair morava com os quatro filhos do primeiro casamento – Walter José, Marcelo José, Ronaldo José e Jefferson José –, com idades que variavam de 7 a 18 anos. Juntos, tiveram apenas um filho: Jair Junior, que nasceu um ano após a união dos pais.

Zica e Jair se conheceram no carnaval de 1984. Ela ainda vestia a roupa com que desfilara no Salgueiro. Acabara de chegar em casa depois de passar a noite defendendo o samba-enredo "Skindô, Skindô". Foi um carnaval histórico. O Sambódromo tinha sido inaugurado às pressas – depois de uma obra feita em apenas quatro meses – e o desfile, que até o ano anterior acontecia em uma única noite, foi dividido em duas partes. Ela estava feliz com o desempenho da escola, mas quem levou o título naquele ano foi a Mangueira, em uma disputa acirrada com a Portela, que, até hoje, reinvindica o título, a despeito de ter ficado com o vice-campeonato.

Enquanto tentava baixar a adrenalina da noite, ouviu a vizinha chamá-la. Vestiu uma camiseta comprida sobre a fantasia minúscula e aceitou o convite para tomar um café fresquinho. Foi com a voz ainda mais rouca do que de costume que disse "Muito prazer" para Jair, o cunhado da vizinha. Nunca mais se separaram. Três meses depois de conhecê-la, ele foi pedir sua mão ao pai da moça. Ouviu de João o seguinte comentário: "Minha filha é caprichosa, mas muito geniosa." Jair veio a descobrir com o tempo que Zica era também de uma persistência que jamais conhecera.

~

A moça desconhecia os nomes das moléculas e não sabia a diferença entre ácidos, bases, sais... Para Zica, era tudo "pozinho". Escrever uma equação química, na qual as substâncias são representadas por fórmulas, era impensável. Tudo não passava de uma sopa de letras e números. Pior era entender o significado do "quimiquês" em que era representada a cinética das reações, conhecimento fundamental para o efeito desejado: o relaxamento, e não o alisamento total. Tamanha falta de intimidade com o assunto não foi empecilho. O que faltava em conhecimento teórico sobrava em capacidade de observação e resiliência.

Foi em um curso de cabeleireiro na Igreja São Camillo de Lellis, na favela onde morava, que Zica se aproximou dos professores e, enfim, realizou o sonho infantil de sentar-se nas primeiras fileiras. Fez amizades e ganhou muitas amostras grátis. O material era enrolado em sacos de plástico e levado para casa. Ela os guardava como se fossem "ouro em pó". Foi uma das melhores alunas do curso, mas nada do que aprendeu tinha serventia para mulheres de cabelos crespos como os dela. Nessa época descobriu sua verdadeira vocação e decidiu que queria ser cabeleireira para o resto da vida, assim como Isabel, sua irmã mais velha.

Começava a saga de Zica à procura de uma fórmula inovadora que o mercado insistia em negligenciar. Na ausência dos equipamentos básicos de um laboratório de química, a cientista amadora lançava mão de utensílios de cozinha para produzir sua mistura amalucada: colheres de pau substituíam espátulas e pipetas; os tubos de ensaios eram, na verdade, copos; o pistilo dava lugar a um pilão e o liquidificador cumpria a função de uma centrífuga. O improviso não impediu que, após uma sucessão de erros e acertos, e muitas quedas de cabelo depois, alcançasse um resultado excepcional. Nada mau para uma garota negra e pobre que havia iniciado a vida profissional como babá aos 9 anos.

~

Em 1991, oito anos depois do início de suas experiências, Zica voltava para casa depois do trabalho quando uma vizinha se aproximou: "Seu cabelo está lindo! O que você está passando nele? Também quero!" O comentário a deixou desconcertada. A moça, com a qual não tinha nenhuma intimidade, queria tocar nos seus cabelos para ter certeza de que aqueles cachos perfeitos eram naturais, e não peruca. Já em casa, Zica correu para o banheiro, olhou-se no espelho e comemorou a pequena vitória. Foi então que despertou de um sonho e percebeu estar no caminho certo. Fazia tanto tempo que vinha tentando que nem reparou que a mudança já estava em curso.

Zica vivia um momento tumultuado em sua vida. Como a maioria dos brasileiros, fazia malabarismos para pagar as contas e fechar o mês no azul. O país atravessava um período econômico conturbado. O Plano Cruzado fracassara. A inflação era de dois dígitos. A jornada era quádrupla, e não dupla, como ocorre com a maioria das mulheres que trabalha fora. Começava o dia com faxinas nas casas das patroas. Complementava o orçamento familiar lavando e passando para fora. Depois se dedicava a limpar a própria casa, lavar, passar, cozinhar e cuidar da família numerosa.

Terminadas as tarefas domésticas, iniciava seu quarto turno de trabalho: a busca da fórmula inovadora para seus cabelos. No corre-corre diário, essa atividade acabava negligenciada. Só tinha tempo nos fins de semana. Era quando chamava o irmão Rogério para testar misturas no quintal de casa. Por duas horas, Zica aplicava o produto no cabelo do irmão à espera de algum efeito. Chorava de tristeza por não conseguir o resultado desejado. Os outros meninos eram liberados para soltar pipa e jogar bola na rua. Neca ficava brincando no quintal, assim como Juninho, como chama seu filho caçula.

Com Jair a seu lado, Zica teve o apoio necessário para não desistir do sonho. Após trabalhar por 30 anos na Souza Cruz, de onde saiu aposentado aos 46, Jair sempre gostou de mecânica e fez todos os cursos da área no Serviço Nacional de Aprendizagem Industrial (Senai). Chegou a ter uma pequena oficina perto de casa, no morro da Casa Branca, em parceria com Ronaldo, um dos seus quatro filhos. Mas o negócio não prosperou. Com um horário de trabalho mais flexível, ajudava a mulher em casa.

Os elogios aos cabelos de Zica foram se tornando mais frequentes e as quedas, mais raras. Mas ela ainda não estava satisfeita com o ponto da fórmula. A mistura não se livrara dos caroços, o cheiro não era bom e o efeito, incerto.

Zica só ficou satisfeita com a imagem no espelho uma década depois do primeiro teste. Incentivada pelas vizinhas do Catrambi e pelo marido, se deu conta de que tinha em mãos bem mais do que uma solução para si mesma. Aos 33 anos, percebeu que sua fórmula mágica podia transformar mais do que o cabelo. A ex-faxineira quebrou o paradigma de mulheres negras e sem estudos reproduzirem o ciclo da pobreza ao desenvolver uma fórmula química inovadora para cabelos crespos. A vida de Zica começava a mudar.

Na laje, a primeira assembleia

Uma reunião foi agendada para a tarde de um sábado. O ano foi 1993. Rogério e sua namorada Leila nem tiveram tempo de cumprimentar Dulce, dona da casa. Carregando cadeiras de praia debaixo do braço, os quatro logo subiram para a laje – onde a mãe de Zica e Rogério costumava estender os varais para secar as roupas da família.

A reunião ao ar livre teve como cenário uma vista deslumbrante – o Maciço da Tijuca, imponente resquício da Mata Atlântica que divide a cidade do Rio em zonas Norte, Sul, Oeste e Central. Na prática, a reunião improvisada foi a primeira assembleia de acionistas dos sócios-fundadores do Beleza Natural.

Zica abriu a reunião com a informação de que havia resolvido o primeiro grande obstáculo da sua longa jornada à procura de uma fórmula perfeita para cabelos crespos. A mistura caseira e rudimentar fora enfim transformada em equação química. Os quatro comemoraram a vitória. Leila, Rogério e Jair tinham acompanhado as dificuldades de Zica em encontrar um profissional disposto a codificar as anotações rabiscadas. O rascunho das experimentações estava em um caderno encardido de tão velho. Algumas páginas estavam rasgadas. Do primeiro ao último experimento, tudo estava registrado: ingredientes e combinações, tempo de aplicação, efeito provocado no seu cabelo e no do irmão.

Foi conversando com uma ex-patroa que conseguiu a indicação de uma química. Foram duas tentativas. A primeira não deu em nada. A profissional alegou que aquilo era complicado demais e preferiu declinar. Antes disso, repreendeu a cientista maluca pelos riscos de queimaduras ao se expor por tanto tempo a produtos químicos.

Uma outra profissional concordou em trabalhar e, enfim, transformou a mistura de Zica em equação química. Com a fórmula em mãos, ela pôde finalmente registrá-la. O nome da profissional está guardado em segredo até hoje. Um acordo de confidencialidade entre as partes impede sua divulgação. Tamanha precaução é fruto do temor de ver a fórmula do produto ir parar nas mãos da concorrência.

Afinal, que mistura é essa desenvolvida com exclusividade por Zica? "Um pó de pirlimpimpim" é a resposta-padrão. O produto está registrado na Agência Nacional de Vigilância Sanitária (Anvisa) com o nome de Super-Relaxante. A exemplo da Coca-Cola, a mais emblemática das marcas internacionais e que guarda seu segredo industrial a sete chaves, e do Google, que mantém em sigilo o algoritmo por trás das buscas no site, o Beleza Natural também optou pelo mistério.

A base do produto está no rótulo da embalagem, de uso exclusivo das cabeleireiras no salão. A mistura passou por uma série de melhoramentos ao longo dos anos até chegar a uma base que mistura hidróxido de cálcio com extratos de açaí e cacau. A fórmula não contém formol, considerado pela Organização Mundial da Saúde (OMS) um produto cancerígeno quando absorvido pelo organismo por inalação ou exposição prolongada.

Saber quais são os ingredientes não é o mais importante. O pulo do gato está na forma como o produto é aplicado e na concentração dos seus componentes químicos. É como uma receita de bolo, que, usando os mesmos ingredientes, pode apresentar vários resultados.

Tudo depende do tempo de cozimento e da quantidade e qualidade dos ingredientes.

O Super-Relaxante virou o carro-chefe da empresa. Foi o responsável por mudar a aparência e a vida de Zica, que, aos 33 anos, adotou para sempre os cachos soltos e hidratados. O produto transformou a ex-faxineira em uma mulher de negócios bem-sucedida, rica e famosa. A dona da fórmula teve ainda a habilidade de reunir em torno de si os recursos humanos, técnicos e financeiros para transformar seu sonho em realidade.

"Gente, está na hora de parar de falar e partir para a ação", disse para a cunhada, o irmão e o marido na laje da casa de sua mãe, vibrando com a montagem do próprio negócio. Todos estavam animados com a ideia, já debatida em diversas ocasiões.

Leila e Rogério trabalharam juntos no McDonald's, onde se conheceram e passaram a namorar. Ela ocupava o cargo de gerente de loja desde os 16. Agora, aos 19, sabia que não queria passar o resto da vida numa multinacional, onde seu poder de ação e tomada de decisões era pequeno. Rogério já estava desligado da rede de fast-food, onde trabalhou por duas ocasiões, antes e depois de cumprir o serviço militar. Sua única certeza era o desejo de ser dono do próprio negócio. Chegou a considerar a possibilidade de abrir um restaurante, mas os planos não evoluíram. Cozinhar é um dos grandes prazeres de sua vida.

Fazia pouco mais de um ano que Leila conhecera Zica. Foi Rogério quem as apresentou, depois de oito meses de namoro. Zica costumava organizar festas pagas – algumas à fantasia – no Catrambi e, numa ocasião, sugeriu ao irmão que levasse a namorada. Quando se conheceram, a empatia entre as duas foi imediata, apesar da diferença de idade de 14 anos. O cabelo de Zica logo se transformou no tema da conversa. A namorada do irmão ficou encantada com a história que ouviu. Não resistiu à tentação e perguntou se poderia passar a fórmula em seu próprio cabelo, também crespo. Ante a resposta afirmativa, quis logo marcar a data. Ao ouvir de Zica que poderia ser no dia seguinte – um domingo –, Leila não prestou mais atenção na festa.

~

A empresa que nasceu na laje de Dulce é fruto de laços de amizade e de consanguinidade, à imagem e semelhança do que se vê nos típicos salões populares de bairro e de fundo de quintal espalhados pelo país.

A analogia acaba aí. O salão veio ao mundo já como uma microempresa, registrada como Beleza Natural. No contrato social constava que Zica e Jair detinham, juntos, 66% do capital, enquanto o casal de namorados possuía os 34% restantes, divididos em partes iguais. A legalização de um salão de cabeleireiros era – e continua sendo – rara no mercado de beleza, onde a informalidade impera. Apenas as grandes empresas do setor, frequentadas pelas patroas das clientes do salão de Zica, costumam ter situação legalizada, CNPJ e funcionários com carteira assinada.

Como não houve discordância quanto à criação da sociedade, os sócios começaram, ali mesmo na laje, a discutir o próximo ponto da pauta da reunião: o nome do salão. Leila vinha pensando há dias no assunto. Pediu a palavra e apresentou sua proposta: Instituto Beleza Natural. Nada de "salão", como poderia se esperar. Desde os primórdios da empresa, os sócios optaram por valorizar as características intrínsecas aos cabelos crespos, ou seja, seus cachos naturais. O nome, portanto, era a melhor expressão da filosofia do salão que estavam prestes a abrir e perfeito para uma possível tradução para o inglês, caso o sonho de conquistar o mundo se realizasse.

Zica gostou da sugestão, que estava em sintonia com seu desejo de inaugurar um espaço em que a mulher da classe C pudesse viver uma experiência única. A lembrança do passado a ajudara a delinear o perfil do negócio. Numa perspectiva mais superficial, o objetivo era relaxar os fios, mas tinha consciência de que seu produto contribuiria para resgatar a autoestima das mulheres que viessem a frequentar o salão.

Todos concordaram que o nome deveria passar ao largo de referências como étnico ou afro para evitar reducionismos. Leila e seus sócios nunca quiseram levantar a bandeira racial. O público-alvo são as negras, mas as ruivas, louras e morenas também são bem-vindas se tiverem cabelo de ondulado a crespo. Rogério e Jair não se meteram na discussão. Acharam o nome bom e pronto.

A boa receptividade encorajou Leila a apresentar outra proposta: "Que tal Natural Beauty Institute?" Dessa vez Jair foi o primeiro a pular da cadeira. Alegou ser difícil de pronunciar e que ninguém entenderia o significado – ele mesmo não entendeu. "O melhor mesmo é um nome em português", ponderou. Zica concordou. Contrariando a namorada, Rogério também rejeitou a proposta. Dos quatro, Leila era a única que dominava o inglês, que começara a estudar em uma escola comunitária no Leblon, bairro onde seu pai, Severino Velez, trabalhava como porteiro. Achou que não era o caso de insistir e tinha consciência de que Beleza Natural sintetizava a proposta do salão.

～

Os quatro sócios tinham a fórmula e um bom nome para batizar o salão. Faltava o mais importante: capital. Montar uma empresa é ainda mais difícil quando não se tem dinheiro, os envolvidos não têm traquejo no mundo dos negócios e a economia está indo de mal a pior. O país patinava em 1993. A inflação acumulada do ano fecharia em 2.780,6%. O temor de que a situação se deteriorasse era tanto que em Brasília já vinham sendo arquitetadas mudanças estruturais importantes. O Plano Real seria implantado no ano seguinte. O momento era de instabilidade e o prognóstico econômico não recomendava grandes voos. No entanto, os sócios do Beleza Natural "atiraram no que viram e acertaram no que não viram".

Como não tinham condições financeiras para investir no negócio, nenhum parente para ajudar e, menos ainda, um amigo para lhes emprestar o dinheiro, Zica e Jair cogitaram um empréstimo bancário. A dupla ouviu dos bancos um "não" em uníssono. Naquele momento, o sistema financeiro não se mostrava receptivo a clientes com o perfil socioeconômico dos quatro. Só depois da implantação das medidas econômicas do Plano Real é que as instituições financeiras ficariam atentas à movimentação social que culminou com a ascensão de uma nova classe C. Os novos emergentes passariam a representar pouco mais da metade da população brasileira. Os negros, os jovens e as mulheres seriam, por relevância e ordem de importância, os protagonistas dessa mobilidade social.

Jair era o único a dispor de um bem que podia ser vendido: um Fusca 1978 – comprado com o dinheiro da aposentadoria da Souza Cruz. O carro era usado como táxi para subir e descer o Catrambi com moradores da favela. Era assim que complementava a renda da aposentadoria.

– Vamos vender o carro – sugeriu Zica.

– E se o negócio não der certo? – questionou Jair. – Dinheiro para comer a gente tem, mas para pagar o aluguel, não.

Zica não ouviu as ponderações do marido. De tanto insistir, o convenceu. Jair havia acompanhado o processo de desenvolvimento da fórmula, a evolução do cabelo da mulher e concordava que o produto era muito bom. Em poucas semanas, desfez-se do Fusca. O dinheiro conseguido com o veículo ainda não era suficiente para abrir o negócio. Os sócios precisavam de mais.

Leila e Rogério estavam juntando dinheiro para se casar. Os dois não planejavam realizar uma festa de casamento, apenas morar juntos e usar o dinheiro para alugar um apartamento e mobiliá-lo. Um amigo do casal, do McDonald's, emprestou o cartão de crédito para comprarem a TV. Aperta daqui, aperta dali, o jovem casal conseguiu comprar o básico: fogão, geladeira, som. Faltavam cama e sofá. O preço do aluguel também estava pela hora da morte. Os noivos ponderaram sobre o assunto, levaram em consideração os prós e os contras, e, por fim, tomaram a decisão de investir o dinheiro na abertura do salão e morar alguns meses na casa de Dulce.

A mudança incluiu roupas e todos os eletrodomésticos comprados para a casa nova. Acostumada com família grande e casa cheia, Dulce não protestou. Acolheu o filho e a nora por oito meses, até que Leila e Rogério tivessem condições de alugar um apartamento. No fundo, a mãe de Zica adorou a ideia. Só assim a filha do meio realizaria o sonho de abrir um salão e o filho não deixaria de se casar, apenas adiaria os planos por alguns meses.

Somando o dinheiro da venda do Fusca com as economias dos noivos, os sócios do Beleza Natural tinham o equivalente a 5 mil dólares em valores da época. Ainda não era suficiente para abrir o negócio dos sonhos de Zica, mas já dava para começar. Coube a Jair sair à procura do imóvel. Achou um, localizado nos fundos de um sobrado na Muda.

Zica, cuja trajetória pessoal se confunde com a história da empresa, soube surfar, como poucos, a onda de ascensão da classe C, que modificou a dinâmica do país. Os mais pobres foram às compras, abriram contas em banco, viajaram de avião. O que antes era visto como consumismo passou a ser encarado como investimento. Em muitos lares, a compra de um computador significou a possibilidade de o filho dessa nova classe média se converter no primeiro membro da família a ingressar numa faculdade. A aparência também teve destaque nessa transição. Como a beleza já é considerada uma das variáveis econômicas no mundo dos negócios, o Beleza Natural pode ser encarado como uma das sínteses da mudança social ocorrida no Brasil pós-Real.

Um mau começo

Fazia frio na Muda. O céu amanhecera encoberto e havia risco de chuvas esparsas naquela terça-feira, 27 de julho de 1993, de acordo com a previsão da meteorologia. Zica, Leila, Rogério e Jair estavam ansiosos. As últimas noites haviam sido de sono interrompido e sobressaltos – na última delas, ocuparam-se dos retoques finais no salão. Pouco antes das 7h, pegaram o ônibus da linha 415 no Largo da Usina e saltaram na rua Conde de Bonfim, cinco pontos adiante. Caminharam alguns quarteirões até a rua General Espírito Santo Cardoso e, quando chegaram ao número 414, coube a Zica, com as mãos trêmulas e suando, colocar a chave na fechadura do portão do sobrado. Era uma construção centenária, mal-ajambrada, com piso de cimento e paredes descascadas. Ela deu alguns passos por um corredor estreito a céu aberto, subiu cinco degraus de escada e, enfim, abriu a porta do seu salão de cabeleireiro. O sonho se tornava realidade.

Começariam a atender às 9h em ponto. Depois de tudo pronto, ficaram esperando a clientela. Ninguém apareceu. Só o que entrava era o aroma delicioso e incômodo da padaria ao lado. A cada fornada de pão quente, o cheiro bom se espalhava pelo pequeno salão e impregnava o ambiente. Mas ninguém ali tinha um tostão para comprar nem um pãozinho. Sem clientela e sem pão.

Aos poucos, as funcionárias treinadas por Zica para aplicar o Super-Relaxante começaram a chegar. Das quatro – todas amigas de longa data –, três compareceram no primeiro dia de trabalho: Aparecida, a Cida; Elenilda, a Lelê; e Vera Lúcia, a Lu. O costume de se referir às colaboradoras pelo apelido vem do jeito extrovertido e carinhoso de Zica, que moldou a cultura empresarial do Beleza Natural. Adeilde, a Dedê, faltou e, quando apareceu no dia seguinte, não deu maiores explicações. Chegou para trabalhar como se nada tivesse acontecido. Ninguém falou nada, nem mesmo Zica, que a havia contratado. Dedê superou a ausência naquele primeiro dia de trabalho com uma fidelidade inquebrantável à empresa. Ela detém, junto com Lelê, o título de funcionária mais antiga. Com o tempo, as duas se transformaram em fiéis escudeiras. Ambas ocupam hoje o cargo de coordenadoras técnicas do Super-Relaxante, o que significa que devem zelar pela qualidade da aplicação do principal produto da empresa.

No final das contas, ninguém apareceu para relaxar os cabelos no primeiro dia – nem mesmo as vizinhas de Zica no Catrambi, que a estimularam a abrir o negócio. A justificativa era que não havia como frequentar um salão de beleza em dia de semana.

A falta de clientes foi motivo de angústia e apreensão. Eles não podiam fracassar. Leila havia pedido demissão do McDonald's. Rogério estava desempregado. O casal morava provisoriamente na casa da mãe do noivo. Jair não tinha mais o Fusca para trabalhar.

Como não havia clientes, Zica, Cida, Lelê e Lu aproveitaram para fazer mais uma faxina. O jaleco branco foi trocado por um avental. Não queriam estar com as roupas sujas se alguém aparecesse.

Francisco Santos, o Chiquinho – que se aproximou do quarteto porque fora colega de Jair na Souza Cruz –, diz que essa é uma das características mais impressionantes de Zica: se tiver que pegar no pesado, varrer, lavar, limpar vidro, ela arregaça as mangas e vai à luta. Mesmo depois de ter enriquecido, não perdeu esse jeito de ser, o que inibe os que a cercam de fazer corpo mole. Responsável pela manutenção das lojas da rede, especialmente as do Rio de Janeiro, Chiquinho começou a trabalhar na empresa como ajudante de obras três anos depois da abertura do primeiro salão e, desde então, já perdeu a conta de quantas vezes viu a patroa de tênis, boné, calça jeans e camiseta dando ordens para os operários no meio das lojas.

Com o salão às moscas, o jeito era se mexer. Divulgação com folhetos, nem pensar. Não havia dinheiro para tal despesa, considerada supérflua. Sem nada a fazer no salão, Leila e Rogério foram à luta – ou, mais precisamente, à rua para a propaganda boca a boca.

O casal abordava as potenciais clientes, falava sobre as características do produto inventado por Zica, tentava seduzir com a novidade que o salão oferecia e, no final, dava o bote: convidava a interlocutora a visitar o novo endereço. Como uma garota-propaganda, Leila demonstrava a eficácia do produto desenvolvido pela sócia exibindo o próprio cabelo, longo e cacheado. O convite podia não ser aceito de imediato, mas estimulava a curiosidade de descobrir como um cabelo crespo podia ter aquele balanço. Nenhum produto disponível no início da década de 1990 oferecia aquela possibilidade. Ou era naturalmente crespo, sem química – algo incomum, porque a moda *black power* havia passado –, ou totalmente alisado. Não havia meio-termo. Era o que Leila explicava às mulheres enquanto percorria os 600 metros da rua General Espírito Santo Cardoso acompanhada de Rogério.

Apesar da ausência de clientes no primeiro dia, houve festa de inauguração à noite. Só então o salão ficou abarrotado, ainda que de familiares e amigos. Zica preparou os salgadinhos e comprou refrigerantes. Fizeram um brinde com espumante nacional. Como o lugar era pequeno e havia poucas cadeiras, algumas visitas ficaram de pé. As mais precavidas, como Dulce e suas irmãs, tias de Zica e Rogério, levaram os próprios bancos. A emoção contagiou o ambiente. Zica chorou muitas vezes naquela noite.

O salão da Muda era um imóvel pequeno, de sala e quarto, com não mais do que 30 metros quadrados de área construída. Por causa do pé-direito alto, parecia bem maior. A cozinha e o banheiro funcionavam em uma espécie de "puxadinho" do lado de fora. Uma placa de metal, onde se lia "Beleza Natural", foi afixada na porta. Como o preço do aluguel era convidativo, ignoraram o fato de, na mesma rua, já existir um cabeleireiro. Como não era segmentado para mulheres de cabelos crespos, acharam que a proximidade não representaria ameaça. Com o tempo, perceberam que a lógica do mundo dos negócios não é essa.

O mobiliário incluía seis lavatórios. Eram todos de alvenaria, revestidos de ardósia. Não havia dinheiro para os modelos tradicionais, de louça. As cubas eram pretas. No lugar de ar-condicionado, um ventilador de teto era ligado somente nos dias quentes do verão carioca. As paredes foram pintadas de branco e cinza. Fotos complementavam o ambiente monocromático. Numa delas, a modelo era a filha de Zica, Neca, então com 12 anos. Em outra, a própria Leila, que aparecia de costas com o cabelo preso em um rabo de cavalo. O ambiente era simples, mas extremamente limpo. A ordem era clara: nenhum fio de cabelo no chão.

Geniosa, Zica não pode ver nada fora do lugar – hábito que adquiriu na infância. Sua máxima sempre foi: "Quando o ambiente está limpo, as pessoas ficam inibidas de sujá-lo." Os sinais exteriores de envelhecimento do imóvel foram "maquiados" para impedir a comparação com outros salões de fundo de quintal.

A mulher da classe C se acostumou a salões mal iluminados e cujo serviço era executado na cozinha ou no quintal. Zica queria que suas clientes se sentissem em um salão chique – ainda que não oferecesse um ambiente luxuoso. O tanque de cimento sumia durante o dia, escondido sob uma toalha decorada e um enorme arranjo de flores. À noite, com o salão vazio, sócios e cabeleireiras lavavam ali as toalhas usadas na aplicação do Super-Relaxante. Não havia máquina de lavar. Só uma década depois, quando a rede já atendia 172 mil clientes e faturava perto de 11 milhões de reais, o serviço de lavanderia foi terceirizado.

Vera, ex-cunhada de Jair, era a fiadora. Dois irmãos de Zica e Rogério, Moisés e Mário – o parceiro nos bailes do Renascença –, ajudaram na obra. O primeiro é eletricista. O segundo, bombeiro hidráulico. Os quatro sócios também colocaram a mão na massa, pintando o salão e os bancos. Mais tarde, nas lojas abertas a partir de 1995, as tias de Jair ajudaram como fiadoras, sem nem sequer se preocupar com o valor do aluguel.

Mesmo que tenham se esforçado para dar conta de todas as despesas para abrir o negócio, o dinheiro não foi suficiente para adquirir os equipamentos. Se não fosse Joaquim de Oliveira Rodrigues, dono de uma distribuidora de mobiliário e acessórios para cabeleireiros, a Carioca, no Méier, talvez o salão da Muda não tivesse sido aberto.

Seu Rodrigues, como é conhecido entre os sócios, foi o primeiro investidor do Beleza Natural. Sem pedir garantias nem comprovação de renda, financiou a fundo perdido. O quarteto não tinha capital nem para um sinal em troca das mercadorias.

O comerciante se lembra do dia em que Zica entrou pela primeira vez na sua loja. Contou para ele sua história, o tempo que levou para criar a fórmula do Super-Relaxante, a parceria com os sócios e as dificuldades financeiras. Fez um resumo da vida, desde os tempos em que trabalhava como babá e faxineira. Sem pagar um único tostão, Zica saiu da loja com cadeiras, cubas e espelhos. A dívida foi quitada meses depois. Seu Rodrigues se manteve como fornecedor oficial por vários anos. O crescimento o levou a sugerir que, como medida de economia, passassem a comprar diretamente das fábricas. A amizade perdurou, apesar do fim da relação comercial.

Uma grande surpresa ocorreu na quinta-feira, dia 29, 48 horas depois da inauguração. Zica, Leila, Rogério e Jair acordaram no horário habitual e seguiram para o salão. No caminho, foram surpreendidos pela manchete de O Globo estampada em uma banca de jornal: "Cruzeiro perde três zeros e vira real". A reportagem resumia as mudanças que estavam por vir: "A partir de 2 de agosto, a moeda brasileira será o cruzeiro real, que valerá mil vezes o que vale o cruzeiro atual. O corte de três zeros e a mudança de nome foram determinados ontem pelo presidente Itamar Franco, em medida provisória."

O anúncio da reforma monetária causou perplexidade. Ninguém sabia o que iria acontecer. O temor era que o dinheiro passasse a valer menos. Até Leila, a mais nova dos quatro, havia vivenciado experiências traumáticas, como confisco, congelamento e tabelamento de preços. Na época em que trabalhou no McDonald's, na década de 1980, o país vivia os anos de hiperinflação. Ela e seus colegas esperavam a loja fechar para refazer, diariamente, os preços da tabela. Seu medo e o dos sócios era justificado. Nenhum dos planos econômicos anteriores conseguira debelar a inflação. Pior, desorganizaram ainda mais a economia. O Plano Real se mostraria uma exceção, mas ainda era cedo para tal diagnóstico.

Na sexta-feira e no sábado, as primeiras clientes começaram a aparecer. As conversas no pequeno salão giravam em torno das mudanças econômicas anunciadas na véspera. Ao longo do dia, o salão encheu. O clima era de euforia. Zica cumprimentava todas já na porta e as tratava como se as recebesse em sua própria casa. Por todo o dia era servido café fresco. O carinho provocava um efeito tão explosivo quanto o resultado da aplicação. As clientes se sentiam íntimas. "São mulheres já tão sofridas, com tantas dificuldades na vida, inclusive por causa do cabelo crespo, que, no salão, elas têm que se sentir especiais, vivenciar um momento mágico", explica Leila.

Em alguns momentos, os seis lavatórios eram usados simultaneamente. Todas queriam ficar com os cabelos iguais aos de Zica, Leila e das cabeleireiras do salão. A frequência, no entanto, ainda estava aquém do potencial do negócio.

Leila pensava obsessivamente no que fazer para aumentar a demanda. Colocava a cabeça no travesseiro e não conseguia dormir. Numa conversa com Rogério, teve a ideia de estimular o boca a boca nos ônibus. Sem dinheiro para anúncio, decidiu escrever um texto para atrair a clientela: "Se seus cabelos são um problema, já cansou de usar henê, pasta e fazer alisamento, nós temos a solução: o Super-Relaxante do Beleza Natural." O texto incluía telefone e endereço do salão. O anúncio, feito em casa, foi xerocado em um pequeno pedaço de papel com letras garrafais.

Todos os dias o casal pegava o ônibus no ponto final. A rotina já durava um mês, tempo suficiente para travar contato com motoristas e trocadores das linhas 413 e 415 e convidar as esposas deles para conhecer o Beleza Natural. Por que não aproveitar a viagem para divulgar o salão? Negociaram com um motorista, que deixou um cartaz ser afixado atrás de seu assento. Em poucos dias, os dois passaram a colá-los em todos os bancos do ônibus. A panfletagem acontecia de manhã, quando seguiam para o trabalho. À noite, o veículo era recolhido à garagem e o anúncio, retirado pelos funcionários. Leila e Rogério não se intimidavam: repetiam o processo no dia seguinte. O marketing de guerrilha se estendeu por cinco meses e deu resultado. O boca a boca tornou o salão conhecido nas redondezas.

Inspiração no McDonald's

Dezembro de 1993. Era um sábado. Como fazia todos os dias desde a inauguração, Rogério abriu o salão, limpou tudo e, quando preparava o café, percebeu um burburinho atípico. Foi até a rua e se deparou com 100 mulheres na porta do sobrado. Eram domésticas, enfermeiras, bancárias, funcionárias públicas, faxineiras, professoras, estudantes, donas de casa... Uma miríade de profissionais, todas negras, cabelos ondulados, encaracolados ou encarapinhados, que haviam ouvido falar do Super-Relaxante. Algumas estavam sentadas na calçada, outras, encostadas nos muros das casas ou recostadas nos carros estacionados ao longo da rua.

"Parecia fila de hospital do SUS ou posto de atendimento do INSS", lembra Lelê, uma das cabeleireiras do salão. Apenas cinco meses depois da inauguração, o tumulto era sem precedentes na rua General Espírito Santo Cardoso.

O alvoroço deixou a vizinhança incomodada. Faltavam poucos minutos para o início do expediente. O sucesso inesperado não podia se transformar em problema. Sem tempo para convocar os sócios, Rogério assegurou, por sua própria conta e risco, que todas seriam atendidas. Tomou a decisão de distribuir senhas, anotadas em pequenos pedaços de papel. A última cliente a receber chegou pontualmente às 9h.

O salão só fechou no início da madrugada de domingo. A carga de trabalho chegou perto de 18 horas. A rotina pesada se tornou regra, assim como as filas, sempre longas. Em datas como Dia das Mães, Natal e Ano-Novo, a espera podia se estender por quatro horas.

À medida que a fama aumentava, as filas cresciam. A senha improvisada por Rogério foi incorporada ao negócio e se transformou, com o tempo, em ferramenta de gestão. Vinte e um anos depois, o cartão de espera passaria a ser liberado eletronicamente e as senhas são exibidas nos monitores de TV instalados nas salas de espera dos 26 salões – número com que fecharam o ano de 2014.

Zica costuma aparecer no vídeo com dicas de beleza e de cuidados com o cabelo. Há também depoimentos de clientes e funcionárias sobre a evolução dos cachos após o tratamento e informações sobre saúde da mulher. São vídeos tutoriais usados para entreter e compensar a longa espera. A estratégia foi clonada da Disney. A mobilidade no interior do salão, com as clientes passando de uma sala à outra, também foi copiada do parque de diversões. A ideia é distrair as frequentadoras, evitando que fiquem paradas o tempo todo em um único ambiente.

Ninguém arreda pé, mas os sócios sabem que a fila – que começa a se formar duas horas antes da abertura do salão – é um inimigo incômodo. Por outro lado, as instalações sofisticadas amenizam o aborrecimento do tempo de espera.

Com a evolução do negócio, o peso da marca se transformou em variável mais importante do que espera ou preço. Converteu-se em símbolo de status. Uma pesquisa interna constatou que 89,34% das clientes consideram que a marca é mais relevante que o preço na comparação com salões voltados para cabelos crespos e ondulados.

~

O Super-Relaxante havia sido aprovado. Consumidoras das mais variadas idades e de bairros distantes queriam experimentar o produto do qual já tinham ouvido falar por amigas e parentes. Essa, aliás, é uma tendência que diferencia a consumidora da classe C da cliente do topo da pirâmide social brasileira. O Instituto Data Popular, órgão de pesquisa especializado no consumidor de baixa renda, comprovou que o boca a boca é comum entre a classe média popular: 60% compartilham suas experiências, contra 20,3% da classe A. Com investimento quase zero em publicidade e propaganda, o Beleza Natural se beneficiou desse padrão comportamental.

A popularidade do Beleza Natural crescia. As clientes falavam sobre Zica com tanta intimidade que pareciam conhecê-la desde a infância. Seu nome caía na boca do povo. Em poucos meses, Jair já havia comprado um novo Fusca – o veículo passou a ser usado com exclusividade pelo salão.

O sucesso não veio por acaso. "Quando uma mulher de cabelos crespos, sobretudo negra, entra em um salão tradicional, ela muitas vezes se sente discriminada", conta Leila. O preconceito ocorre menos pela questão social e mais pela dificuldade de lidar com esse tipo de cabelo. "Os salões de cabeleireiros que não são especializados em crespos olham torto para a cliente", acredita. No Beleza Natural, esse estranhamento nunca existiu.

Dezembro daquele ano foi um divisor de águas. Os sócios descansavam apenas aos domingos. Às segundas-feiras, quando o salão também ficava fechado, era o dia de preparar o "pó de pirlimpimpim" para toda a semana. Mesmo em casa, os quatro não paravam de pensar no negócio. A preocupação era como dar conta de uma demanda crescente em um pequeno salão de bairro. Os sócios sofriam quando não conseguiam atender uma cliente e ela voltava para casa cabisbaixa e frustrada. Temiam que a falta de estrutura acabasse afugentando o público. O que ocorreu foi o contrário. Quanto maior a fila, mais rapidamente o nome do salão corria de boca em boca.

~

Na virada de 1993 para 1994, o salão da Zica, como rapidamente passou a ser conhecido na Muda, ficou ainda mais cheio. Rogério, que tinha presenciado um aglomerado de 100 mulheres dias antes, às vésperas do Natal e do Ano-Novo viu o movimento dobrar: 200 clientes em um único dia. O salão tinha capacidade de atendimento reduzida, com apenas seis lavatórios. As medidas adotadas até então eram paliativas. Não havia como dar conta de tal demanda.

Leila e Rogério já vinham matutando uma ideia há semanas. Quando se sentiram seguros, chamaram os dois outros sócios para uma conversa. Precisavam convencê-los. Zica era a maior preocupação. Por ser cabeleireira, era a única que poderia se opor com conhecimento de causa. A proposta foi aceita por unanimidade. A ideia que revolucionou o Beleza Natural foi fazê-lo funcionar à imagem e semelhança de uma fábrica, ainda que a diferença fundamental sempre tenha estado presente: o atendimento caloroso, que impede a reprodução do processo frio e mecânico de uma linha de produção.

A proposta apresentada por Leila e Rogério representava bem mais do que uma alteração de rotina. Significava uma quebra de paradigma no setor que, com o tempo, transformaria a rede de cabeleireiros em um negócio inovador, lucrativo e admirado.

Leila estava convencida de que seria possível produzir cachos em série adaptando o processo de produção que conheceu quando trabalhou no McDonald's. Enquanto anotava os pedidos na fila da lanchonete, na função de atendente de loja, foi apresentada ao fordismo – nome dado aos sistemas de produção em massa criado por Henry Ford, em 1913. Inventor prolífico, com mais de 160 patentes nos Estados Unidos, o americano foi o primeiro empresário no mundo a produzir carros em série: um automóvel a cada 98 minutos. O veículo era montado em esteiras rolantes e cada operário se encarregava de uma etapa do processo.

Se Ford revolucionou a indústria automobilística, coube aos irmãos Richard e Maurice McDonald, quatro décadas depois, mudar completamente a maneira de fazer sanduíches. Nascida em Illinois, também nos Estados Unidos, nos anos 1950, a empresa baseou-se no fordismo para implantar células de produção e montar os lanches em série. Cada funcionário é responsável por uma etapa do processo: um frita as batatas, outro aplica os condimentos, um terceiro prepara o sanduíche e por aí vai.

O negócio dos irmãos McDonald cresceu quando um vendedor de máquinas de milk-shakes, Ray Crock, foi entregar um equipamento na lanchonete em San Bernardino, na Califórnia. Crock ficou encantado com o modelo criado por Richard e Maurice e propôs vender o direito de comercializar a marca e as ideias daquele restaurante. A franquia do McDonald's fez o negócio crescer a ponto de se tornar uma multinacional.

"Por que inventar a roda, se ela já foi inventada?", era o que Leila se perguntava desde o início do Beleza Natural. A máxima é seguida à risca pelo trio Lemann, Telles e Sicupira, sua fonte inspiradora. O modelo do Goldman Sachs foi copiado quando os investidores abriram a corretora Garantia, na década de 1970. Ao comprarem as Lojas Americanas, em 1982, os três olharam ao redor para identificar o melhor exemplo a ser seguido: a escolha recaiu sobre o Walmart. Ao acrescentar a Brahma, em 1988, ao portfólio de empresas, eles foram aos Estados Unidos ver como a Anheuser-Busch, então a maior cervejaria do mundo, tocava o negócio.

Zica credita à sócia o sucesso da empresa. Não fosse a cultura de processos que Leila e Rogério conheceram no McDonald's, o salão da

Muda não teria dado conta da demanda. O novo método de trabalho foi implantado em 4 de janeiro de 1994. Como em uma fábrica, cada cliente "passaria de mão em mão". Cada funcionária do salão, Zica inclusive, cuidaria de uma das etapas do processo de aplicação do Super-Relaxante. Uma dividiria o cabelo em mechas, outra passaria o produto, uma terceira lavaria e, por fim, outra finalizaria o penteado.

A inovação, antes de transformar o Beleza Natural em referência no mundo do empreendedorismo, virou o salão de cabeça para baixo. As clientes reclamaram, mas a estranheza deu lugar à normalidade. A fila passou a andar mais rápido. O tempo de permanência no instituto diminuiu, ainda que até hoje a espera nos salões da rede continue longa (em especial no começo do mês, aos sábados e às vésperas de datas festivas). O serviço se tornou mais ágil e não perdeu a qualidade.

Nos cinco primeiros meses de funcionamento, o salão da Muda atendeu cerca de 8 mil mulheres e faturou 90 mil reais. A maioria das clientes era negra, mas havia também sararás, brancas, ruivas e pardas – em comum, os cabelos crespos e ondulados. A fama do Super-Relaxante se espalhou. As mudanças econômicas não inibiram o desejo de consumo das clientes e o temor de que o dinheiro viesse a valer menos depois do corte dos três zeros não se confirmou.

O dia 1º de julho de 1994, uma sexta-feira, foi histórico. O Brasil praticamente parou. O que valia 2.750 cruzeiros reais passou a valer 1 real. Começava a guerra contra a inflação. De 1965 a 1994, o país acumulara uma inflação de 1.142.332.741.811.850%. "A economia parou no primeiro dia do real. Os consumidores compraram pouquíssimo e as relações entre varejo e indústria ficaram praticamente paradas. Não houve negócios ontem", escreveu Miriam Leitão, em sua coluna em *O Globo*, no dia seguinte. A jornalista traduzia em palavras o comportamento dos agentes econômicos no primeiro dia após a implantação da nova moeda. Depois das conversões do cruzeiro para o cruzeiro real e do cruzeiro real para a Unidade Real de Valor (URV), o Super-Relaxante passou a custar 6,47 reais. Seu preço sempre oscilou em torno de 10% do valor do salário mínimo, à época de 64,79 reais. O custo ainda era acessível, mas pago com esforço pelas clientes.

O ano de 1994 terminou com os sócios comemorando um faturamento de 311 mil reais, resultado três vezes maior do que o registrado nos cinco meses de 1993.

O negócio começava a prosperar. As funcionárias ganharam um uniforme: saia com colete cáqui com o nome da empresa bordado na lapela. A vida dos sócios também melhorou. Leila e Rogério deixaram a casa de Dulce e alugaram um apartamento de 30 metros quadrados na rua do Bispo, no Rio Comprido. Era um prédio pequeno, de apenas três andares, sem elevador ou garagem. Zica e Jair continuavam morando na mesma casa do Catrambi, vizinha à de Dulce. Os produtos vendidos na loja (o kit de xampu, condicionador e creme de pentear) ganharam embalagem oficial, com a foto de Neca, filha de Zica, que depois ilustraria também a logomarca da empresa. No rótulo, estampado com grafismo que lembrava pele de onça, estava escrito Beleza Natural.

～

Os clientes do Beleza Natural pagavam em dinheiro vivo, o que produzia uma montanha de cédulas e moedas para Rogério e Jair guardarem. Os sócios decidiram abrir uma conta bancária em nome do salão. Era perigoso guardar tanto dinheiro em casa. Jair vestiu uma calça de tergal, uma blusa social branca e dirigiu-se a uma agência do Banco Nacional na rua Conde de Bonfim, na Tijuca. Para não chamar atenção, levou o dinheiro em uma bolsa de supermercado. Os sócios o acompanharam. Ficou combinado que caberia a ele conversar com o gerente. Imaginaram que sua idade imporia respeito. Enganaram-se. O gerente os recebeu com frieza e mandou que aguardassem. Mofaram por mais de três horas na agência. Ao fim desse tempo, foram convidados a se retirar. A desculpa era de que estava na hora de o banco fechar. O gerente nem sequer se despediu. Mandou recado pelo segurança sugerindo que retornassem em uma semana. Eles não tiveram escolha a não ser voltar para casa com o dinheiro na bolsa de supermercado.

Sete dias depois, Jair compareceria novamente à agência – dessa vez, sozinho. Mal entrou no banco, o gerente avisou que o pedido de abertura de conta havia sido recusado, antes mesmo de os documentos serem apresentados. Para os preconceituosos padrões vigentes, eram quatro pessoas que tinham tudo para dar errado. Seus perfis nada tinham a ver com os da média dos clientes do banco e o negócio que abraçaram era "um bicho muito diferente". Ainda por cima, eram todos negros. Com a recusa, o dinheiro continuou a ser guardado numa pasta de couro marrom, que ficava sob a responsabilidade de Jair. Era uma espécie de extensão do seu braço. Nada, nem ninguém, o fazia largar dela. Por ironia do destino, o Banco Nacional começou, em 1994, a emitir sinais preocupantes, que resultaram em um dos maiores escândalos financeiros do país.

O contratempo não desmotivou os sócios, mas eles só voltaram a pensar em bancos dois anos depois, em 1996. Após abrirem a primeira conta do Beleza Natural, Jair se impôs um ritual: levava diariamente o dinheiro na mala do carro para fazer o depósito. O itinerário nunca era o mesmo, para evitar assaltos. A rotina durou 9 anos, até que um dia bateram no carro. Jair ficou desesperado. Ainda que tivesse notas fiscais de tudo o que era vendido no salão, como explicar tanto dinheiro escondido em um saco plástico na mala do carro? Ligou para Anderson Assis, sobrinho de Zica, que estava na sede da empresa, no Downtown, um centro empresarial na Barra da Tijuca e pediu que fosse até lá para buscar o dinheiro antes que a polícia chegasse ao local. Só em 2005 – 9 anos após abrir a primeira conta bancária do Beleza Natural – os sócios decidiram contratar um carro-forte. A empresa faturava então cerca de 19 milhões de reais.

Símbolo de status

Crespo, ondulado, liso, alisado, sarará, rastafári, raspado, tingido, descolorido, colorido, trançado, curto, comprido, solto, preso... O cabelo é a moldura do rosto e emite sinais importantes, que são interpretados de formas distintas dependendo do momento histórico – e político – que se vive. Certos penteados são estigmatizados e associados a desleixo ou falta de higiene, e a punição social costuma ser implacável.

Em 2006, a mulher do então candidato a primeiro-ministro britânico Tony Blair declarou à Comissão Eleitoral britânica a vultosa conta de 7,7 mil libras com cabeleireiro (pouco mais de 34 mil reais em valores atuais) como gasto de campanha do Partido Trabalhista. A opinião pública se dividiu em relação ao comportamento de Cherie Blair e os adversários políticos aproveitaram para capitalizar o escândalo. O assunto ocupou páginas dos jornais na imprensa internacional. Se uma mulher branca, de cabelo liso, advogada, esposa de um político consagrado, tem tamanha obsessão pela aparência, o que dizer de uma legião de mulheres que, por conta do cabelo crespo, passaram a vida sendo alvo de preconceito? Cenas de discriminação ainda são comuns em escolas, repartições públicas, cinemas, universidades, escritórios, etc.

Nesse contexto, fica fácil compreender o que leva cerca de 100 mil mulheres de cabelos crespos e ondulados, especialmente as negras, a frequentarem todos os meses os salões do Beleza Natural. Elas chegam querendo mudar a aparência e muitas saem frustradas por não realizar o sonho de voltar para casa com os cabelos relaxados.

~

A primeira etapa do atendimento é uma entrevista: uma espécie de anamnese, como ocorre nos consultórios médicos na primeira consulta. A conversa, que dura em média 15 minutos, ocorre em uma sala reservada. A cliente conta para uma consultora a história do seu cabelo. "Quando foi a última vez que usou química?", "Qual o tipo de química empregado?", "Como costuma lavá-lo?" e "Tem restrições a cortar o cabelo?" são algumas das perguntas. A ânsia de fazer o tratamento leva algumas clientes a mentir em relação ao uso de química – o que exige um olhar atento da consultora para a decisão de liberar a utilização do Super-Relaxante. Ao final do processo, a profissional tem em mãos um diagnóstico. A função é dupla: levantar o histórico e a estrutura do fio de cabelo e traçar o perfil socioeconômico com informações como idade, local de moradia, profissão e renda média. O banco de dados ajuda a tomar decisões estratégicas, como definir a localização de novos salões e entender melhor o público que se está servindo.

Por ser um produto incompatível com outro tipo de química, a raiz do cabelo precisa estar virgem para receber o Super-Relaxante. Além dos tradicionais produtos para alisamento, como henê, guanidina e doses cavalares e perigosas de amônia e formol, algumas mulheres recorrem até a soda cáustica e sabão em pó. Desse jeito, não há fio que resista. Fragilizados, eles quebram. Muitos caem. Alguns sofrem os dois efeitos: primeiro quebram e, depois, caem. A saída é ficar até três meses sem nenhum tipo de química. É o tempo para que cresça uma nova raiz com um centímetro em média. Ninguém sai do salão sem alguma solução para o cabelo – nem que seja cortá-lo bem curto, estilo "Joãozinho".

O *book* de cortes do salão oferece 30 modelos, com 3 comprimentos: curto, médio e longo. A conversa entre a consultora e a cliente muitas vezes deriva para uma espécie de sessão de análise. Ao ouvir que não poderão fazer o tratamento, muitas caem no choro. A incompatibilidade do Super-Relaxante com algumas químicas é uma realidade que se impõe. Algumas clientes preferem voltar para casa e pensar no assunto. Outras tomam coragem e cortam o cabelo. Por saber da enorme resistência das clientes em cortá-lo, os salões passaram a permitir a aplicação do produto exclusivamente na raiz, mantendo o comprimento. A cliente vai demorar muito mais tempo do que gostaria para ficar com os cabelos cacheados, mas é o preço a pagar caso não queira ceder à tesoura.

O salão funciona como um relógio. As tarefas são cronometradas e a cliente passa por várias salas, como já foi explicado. Se o relaxamento for recomendado, antes de iniciar a aplicação propriamente dita, o Super-Relaxante é testado em uma pequena mecha, na base da cabeça. O objetivo é eliminar o risco de queda de cabelo. Se o cabelo responde bem ao produto – o que ocorre na maioria dos casos –, tem início o tratamento.

Existem casos de rejeição, mas o passivo é considerado residual se confrontado com o número de clientes da empresa. Em 2014, por exemplo, o volume de aplicação do Super-Relaxante chegou a 1,3 milhão. Das reclamações recebidas naquele ano pela Central de Atendimento ao Cliente, 633 queixas foram consideradas ocorrências especiais, o que representa 0,4% do total de atendimentos. Eram relatos variados que incluíam da sensação de ardência associada a algum tipo de sensibilidade ao produto, ao efeito inócuo do Super-Relaxante, alisamento, queda de cabelo, entre outras ocorrências.

O passo seguinte ao teste é separar o cabelo em 14 mechas, de diferentes tamanhos e formatos: quadrados, retângulos e triângulos. Essa etapa requer habilidades motoras finas – a cabeleireira precisa ser capaz de dividir o cabelo em mechas formando figuras geométricas perfeitas. O produto não pode escorrer pelo couro cabeludo. A divisão do cabelo começa pelo alto da cabeça e desce até a nuca. A técnica de aplicação, desenvolvida por Zica, segue o caminho inverso.

O pedido de patente da técnica já foi solicitado ao INPI. Com a patente em mãos, os sócios terão direitos legais de coibir outros salões de copiarem seus métodos e poderão cobrar royalties sobre a sua utilização. Algumas ex-funcionárias saem do Beleza Natural e abrem salões de fundo de quintal imaginando que terão condições de oferecer o mesmo serviço. Entre os sócios e seus executivos, esses salões são conhecidos como "talibãs".

Nos primeiros anos do Beleza Natural, a aplicação do Super-Relaxante se estendia por uma hora e meia. Com o aperfeiçoamento da técnica, o tempo foi encurtado para 45 minutos.

Para ter os cabelos iguais aos das sócias e funcionárias, a cliente precisa aprender que o tratamento continua em casa. "A cliente não vem atrás de um produto ou de um serviço, mas daquele cacho que ela viu na foto", diz Leila. Como a raiz do cabelo cresce, em média, um centímetro por mês, o relaxamento precisa ser refeito a cada 30 dias. O cabelo só deve ser lavado duas vezes por semana e precisa ser hidratado. Diariamente, no entanto, tem de ser enxaguado para a retirada do creme de pentear, aplicado todos os dias em quantidades generosas. É um ritual caseiro que consome cerca de 20 minutos do dia da mulher e exige sacrifícios como manter distância de água quente. Mesmo no inverno, só é recomendável o uso de água fria ou morna. Quente jamais, porque resseca o cabelo. Nem todas seguem as regras à risca e, nesses casos, como o cabelo não fica igual ao das funcionárias que trabalham nos salões, passam a desconfiar da existência de algum segredo. Também nem sempre usam o creme de pentear diariamente – algumas, por falta de dinheiro, compram apenas um produto para compartilhar com as mulheres da família.

Desde o início, os sócios criaram um negócio que era um misto de serviço e varejo. A cliente pagava pelo relaxamento e tinha a opção de levar um kit composto por xampu, condicionador e creme de pentear. Com exceção do Super-Relaxante, os outros produtos eram comprados de um distribuidor do subúrbio carioca que, diariamente, os entregava na casa de Dulce em recipientes de 5 quilos. Cabia a Anderson Assis transferi-los para frascos menores, vendidos no salão. Era uma embalagem branca, sem rótulo do Beleza Natural.

Apesar de chamar Zica e Rogério de tios, Anderson era tratado como um irmão caçula. Aos 2 anos, ele perdeu a mãe biológica e passou a ser criado pela avó materna, Dulce, a quem chamava de "mãe". Quando estava com 12 anos, Zica recrutou o sobrinho para trabalhar na empresa. "Eu era uma espécie de fábrica do Beleza Natural", brinca Anderson, que à época reclamava de encher os potes, pedindo para ser liberado para soltar pipa com os amigos.

Com o tempo, a clientela cresceu tanto que as mulheres passaram a levar seu próprio refil para encher com creme de pentear. O produto passou a sair do salão nas mais diferentes embalagens: vidros de maionese, potes de margarina ou qualquer outro recipiente que estivesse à mão.

O contato próximo com os tios e o dia a dia da empresa transformaram Anderson em um grande conhecedor dos meandros do Beleza Natural. A exemplo de Rogério, aprofundou-se nos estudos e fez faculdade. Por essa razão, foi um dos poucos membros da família que permaneceram na empresa mesmo depois de uma mudança gradual nos quadros, especialmente após a entrada na Endeavor. A empresa chegou a empregar 40 pessoas da família, afora os amigos dos quatro sócios. O crescimento substituiu os laços de parentesco ou amizade por outros atributos.

Anderson hoje é gerente sênior da área de performance. Vera Lúcia de Assis, a Lu, irmã caçula de Zica e Rogério, zela pela correta aplicação do Super-Relaxante, junto com Dedê e Lelê. Ainda trabalham na empresa um dos filhos de Jair, Ronaldo, uma prima de Leila, Cristina Velez, e uma nora de Zica e Jair, Andrea, além de uma prima de Zica e Rogério, Ana Paula.

Anderson faz parte de uma equipe que atua como se fosse um escritório de projetos dentro da empresa. Monitora 50 indicadores de desempenho. Reter o funcionário o maior tempo possível é um dos indicadores perseguidos, já que o treinamento da mão de obra consome tempo e dinheiro. Mais de 90% são meninas jovens, em seu primeiro emprego. Se ficarem mais de cinco anos no Beleza Natural, o investimento inicial terá sido pago. Ainda que muitas saiam com apenas três anos, o indicador costuma ser batido.

No rastro das Casas Bahia

O imigrante polonês Samuel Klein, fundador das Casas Bahia, foi um dos primeiros empresários no país a mostrar que investir no consumidor de baixa renda pode compensar. E muito. Leila seguiu os passos do ex-mascate – como fizera quando copiou o McDonald's. Não foram escolhas aleatórias que guiaram a localização geográfica dos dois novos salões abertos em 1995. Leila cruzou informações da pesquisa que fazia no salão – um banco de dados que reunia a idade, renda, local de moradia e estado civil da cliente – com os rastros deixados por Klein. Isso mesmo: ela verificava onde as Casas Bahia tinham uma ou mais lojas e se esses locais atendiam ao mesmo perfil socioeconômico da clientela do Beleza Natural. De uma só tacada, abriram um salão em Jacarepaguá e outro em Duque de Caxias. A diferença foi de apenas um mês entre as duas inaugurações. Ambos ainda eram pequenos, mas tinham o dobro do tamanho do salão da Muda. Foi o início de um processo orgânico de crescimento que não parou mais.

Os dois anos do salão da Muda não foram comemorados em grande estilo, como era de esperar, considerando que esse é um dos períodos mais críticos da trajetória das micro e pequenas empresas no país. Ainda que a taxa de mortalidade de negócios desse porte tenha melhorado no decorrer dos últimos anos, ela está em torno de 24%, segundo dados compilados pelo Sebrae no estudo *Sobrevivência das empresas no Brasil em 2013*.

Nada de festas ou ostentação. A ordem era clara e não havia espaço para discussão: reinvestiriam todo o lucro na expansão da rede de cabeleireiros. Nada mais lógico, portanto, do que festejar com a abertura de novos endereços.

A opção pelo uso de recursos próprios – até porque não havia outra – e a inauguração de duas novas filiais criaram dificuldades financeiras adicionais. "Tivemos que atrasar o pagamento de impostos para não prejudicar os funcionários", conta Leila. Mais tarde, os sócios negociaram a dívida, mas mesmo assim sentiram o baque.

Dois anos e meio depois de abrir um salão de fundo de quintal na Muda, o Beleza Natural se converteu, ao fim de 1995, numa rede de três salões com faturamento anual de cerca de 1 milhão de reais.

Quarenta mil clientes foram atendidas naquele ano. O Beleza Natural explodia na Muda, em Jacarepaguá e em Duque de Caxias. A venda de cosméticos no Brasil também estava aquecida. Na reportagem "Beleza a qualquer custo", publicada em setembro de 1996, o jornal *Folha de S. Paulo* constatou que apenas 2% das mulheres entrevistadas não tinham preocupação com a aparência. Além disso, 44% delas gastavam pouco mais de 20% de seus salários com produtos de beleza. As mulheres de renda mais baixa comprometiam, proporcionalmente, uma parcela maior de seus recursos com cosméticos do que as de renda mais elevada. Em 1997, a revista *Veja* publicou que o brasileiro gastara naquele ano 3,7 bilhões de reais com produtos de beleza.

O excelente desempenho financeiro era reflexo da mudança no país. A inflação havia desabado. De um índice de 1.093,8% em 1994 – ano de implantação do Plano Real –, caiu para 14,7% no ano seguinte.

O mercado de trabalho dava sinais de aquecimento. De forma lenta e gradual, crescia a inserção da mulher no mundo profissional, passando a representar, em 2010, segundo o Censo do IBGE, 43,50% da mão de obra empregada no Brasil. Na década de 1970, a participação feminina não passava de 20,86%.

Com a estabilização da economia, as mulheres puderam ir às compras – e ao cabeleireiro.

~

A vontade de abrir um quarto salão era enorme, mas os sócios precisavam recompor as finanças e pagar as dívidas. Como não tinham imóveis para apresentar em garantia, não estavam aptos a pedir financiamento bancário. Todo dinheiro saía do caixa da empresa. A palavra de ordem era trabalho, trabalho, trabalho.

Quando se reuniam a portas fechadas, uma preocupação vinha à tona: como multiplicar os salões sem perder o DNA forjado desde o primeiro dia da loja da Muda? Zica tentava garantir que o processo de expansão não interferisse na filosofia da empresa. Comandou o treinamento de três meses das novas cabeleireiras. Não importa se a cliente está calçando chinelo de dedo e vestindo uma roupa humilde – ela será sempre tratada como rainha, reza o estatuto não escrito do Beleza Natural.

Mas não foi fácil manter o padrão. As fiéis escudeiras, Dedê e Lelê, foram alçadas ao posto de gerentes nos dois novos endereços. Ainda assim, Zica corria de um lado para outro a fim de supervisionar a qualidade do serviço das cabeleireiras.

Rogério, por sua vez, acumulava funções que, tempos depois, passaram a ser desempenhadas por diferentes diretorias. Ele cuidava do dia a dia dos salões, dos fornecedores, da área financeira e da expansão. Ainda fazia cafezinho para as clientes e, se preciso, penteava os cabelos.

Cada um dos novos institutos somava em média 10 empregados, entre cabeleireiras, gerentes, recepcionistas. E atendia 2 mil mulheres por mês, o que significava o dobro da capacidade do primeiro salão. Como não havia tempo nem estrutura para um processo de seleção profissionalizado, algumas clientes viraram funcionárias. A prática se perpetuou. Ainda que não represente precondição para compor o quadro de pessoal, o fato é que cerca de 70% das funcionárias são ex-clientes. Está aí mais um dos grandes trunfos. Vindas da mesma camada social e com histórias pessoais similares no que diz respeito ao cabelo, a identificação entre cliente e funcionária é imediata.

Até a sede conta com colaboradoras que se aproximaram como clientes. A carioca Carla Fraga começou a relaxar o cabelo no salão da Muda. Foi então contratada para trabalhar como recepcionista na Usina. Com o tempo, tornou-se secretária particular de Zica.

Ao transformar a Muda em centro de treinamento às segundas-feiras, fechando-a para o público, os sócios resolveram um problema e se depararam com outra dificuldade. Ao interromper a fabricação caseira, Zica acostumou-se a produzir o Super-Relaxante da semana justamente às segundas-feiras. O problema era o entra e sai das funcionárias. Com o aumento da demanda, a produção devia ganhar escala industrial.

O temor de perder o controle de qualidade da fórmula ou ver o "pó de pirlimpimpim" parar em mãos erradas era um risco a correr. Mas um risco necessário. Um acordo de confidencialidade foi assinado com a Natusfaber, pequeno fabricante do subúrbio carioca que já vendia xampu, condicionador e creme de pentear para o Beleza Natural. Rogério passou a conciliar as funções administrativas dos salões com o controle de qualidade da fabricação, acompanhando pessoalmente o processo.

Os sócios retiravam cada um cerca de 2 mil reais por mês (o equivalente a 20 vezes o valor do salário mínimo da época). Era uma retirada baixa em termos absolutos, mas um valor superior ao que estavam acostumados para as despesas mensais. A vida melhorava, mas todos continuavam apegados a hábitos simples.

~

O salão da Muda contava dois anos de atividades quando os sócios sentiram o peso de inaugurar um negócio vizinho a outro salão de cabeleireiro. A convivência foi pacífica por um tempo, até que desandou. Havia um problema recorrente aos sábados, dia de maior movimento: faltava água de repente, o que causava enorme confusão no fundo do sobrado. Sem água, não dava para trabalhar. As clientes tinham de ser transportadas às pressas, toalhas amarradas na cabeça, para o salão de Jacarepaguá. Rogério enchia seu Monza preto, ano 1986, e enfiava o pé no acelerador. Intimamente, torcia para não ter de empurrar o carro já velho – o que costumava ocorrer. Rezava também para não encontrar retenção no caminho. Era um olho no trânsito e outro no retrovisor, monitorando a cara fechada e emburrada das passageiras. Enquanto isso, Zica e Leila conversavam com as mulheres na fila, explicavam o problema e sugeriam que se deslocassem para o outro salão. Neste caso, tinham de ir por seus próprios meios. Os sócios sabiam que a sugestão não era das mais práticas e, menos ainda, confortável. O temor era que as clientes achassem que a falta d'água era crônica e nunca mais voltassem.

Zica e Leila decidiram investigar a causa do transtorno. E descobriram que a Companhia Estadual de Águas e Esgotos (Cedae) não era a culpada. Irritada com o entra e sai das clientes do Beleza Natural, o movimento frenético do salão e o falatório que vinha do fundo do sobrado, o salão vizinho aproveitou um domingo para realizar uma pequena obra. Com ela, desviou a tubulação para ter controle total do registro da água. A dona, por ser a locatária mais antiga do imóvel, era uma síndica autoconstituída: arbitrava o melhor horário para ter água no sobrado e o mais indicado para não sair uma única gota. Não suportava o sucesso da concorrência, ainda que seu negócio não fosse especializado em cabelos crespos.

Ao descobrirem o motivo da falta d'água, os sócios foram à 19ª Delegacia de Polícia – que ficava na mesma rua do salão – prestar queixa. O boicote só terminou depois que um policial ameaçou prender a vizinha em caso de reincidência.

O problema fez os sócios desengavetarem o projeto de um novo salão, preferencialmente na Tijuca, para desativar de vez o da Muda. Menos de um ano depois de inaugurar as filiais de Jacarepaguá e Duque de Caxias, instalaram seu negócio em um novo endereço na Zona Norte, dessa vez na Usina. Era uma casa de dois andares, com um quintal generoso, numa rua arborizada.

Da inauguração na Usina até o fim da década de 1990, redirecionaram seus investimentos. Apenas operações cirúrgicas foram executadas, como mudar os salões de Jacarepaguá – onde foi construído o Centro de Desenvolvimento Técnico (CDT) – e de Duque de Caxias para imóveis maiores e com mais infraestrutura. O CDT funciona como uma escola, onde as novas funcionárias recebem treinamento para aplicar o Super-Relaxante.

Foi um período de engorda para o caixa. Os sócios fecharam o ano de 1999 com o faturamento de cerca de 5 milhões de reais – um dinheirão, mas não o suficiente para as ambições de quem só pensava em expansão.

~

Motivados por um desejo antigo, o de abrir um instituto na região comercial mais movimentada da Tijuca, os sócios não resistiram à tentação durante uma visita ao Tijuca Off Shopping. À época, o Beleza Natural já pavimentava seu caminho entre os emergentes da classe C. Como a estrutura dos outros salões era pequena, os sócios não conseguiam oferecer à clientela o serviço nos moldes que sempre sonharam.

O ano era 2001. A essa altura, Zica e Jair tinham alugado uma casa num condomínio da Barra da Tijuca. A filha de Leila e Rogério, Aliel (Leila escrito ao contrário), estava com 2 anos. Eles haviam adquirido o primeiro imóvel: uma casa antiga na Tijuca, praticamente colocada abaixo e reformada. O segundo filho do casal, Pedro, começava a ser planejado.

Os sócios não esbanjavam, apesar de terem fechado o ano de 2000 com um faturamento de 6 milhões de reais. O único sinal de riqueza seria o novo salão. Por se tratar do epicentro das atividades comerciais e sociais do bairro, o lugar era emblemático. O intuito de Zica e de seus parceiros era alugar uma loja e fechar o salão da Usina, já pequeno para os padrões do negócio.

A empolgação fez com que arrendassem um andar inteiro do shopping. Foi um dos momentos definidores na trajetória da empresa. O Beleza Natural começava a mudar de patamar. De um salão de fundo de quintal, viraram donos de 1.200 metros quadrados. Era um latifúndio no subsolo do shopping, equivalente à soma de 14 lojas. "Foi uma das negociações mais difíceis, porque todos os proprietários teriam que aceitar nossa proposta", lembra Rogério, que até então alugava apenas espaços pequenos. Foram três meses de árduas negociações – a partir desse momento, Rogério tornou-se o responsável pela expansão.

Desde então, passaram a dar prioridade às lojas em shopping centers. Apesar de mais caras, oferecem maior conforto às clientes que esperam horas na fila. Inaugurado em fevereiro de 2001, o novo endereço proporcionou à rede uma receita adicional de pouco mais de 2 milhões de reais. O Beleza Natural fechou o ano com um faturamento de 8,5 milhões de reais.

O salão era bem decorado, espaçoso e elegante, de rara sofisticação para um empreendimento focado em mulheres da classe C. Foi uma questão de poucas semanas para o sucesso bater à porta. Plantado no coração comercial da Tijuca, principal bairro da Zona Norte, numa rua bem servida por linhas de ônibus e distante cerca de 300 metros da estação do metrô Saens Peña, o salão rapidamente atraiu clientes dos mais variados bairros. A fila era a melhor tradução da consagração da marca. A aglomeração começava no subsolo, subia as escadas, atravessava os corredores do shopping e alcançava a calçada.

O atendimento era dividido em dois turnos de seis horas nos 40 lavatórios – quase a metade do total da rede. O salão abria às 8h e só fechava 12 horas depois. Um total de 100 empregados, entre cabeleireiras, recepcionistas, estoquistas, vendedoras e pessoal de limpeza, transitava de um lado para outro. A linha de montagem idealizada por Leila foi multiplicada em grande escala na Tijuca, especialmente se comparada com a estrutura modesta implantada na Muda havia oito anos.

A filial da Tijuca era a que mais se assemelhava ao que o quarteto sonhara um dia oferecer às clientes. Era também a mais cara – o valor médio do aluguel pago nos outros salões era seis vezes menor. Na recepção, havia um móvel marfim com detalhes em aço escovado. As cubas eram de louça branca; o chão, de porcelanato. Nas paredes, fotos gigantes de funcionárias e clientes transformadas em modelos. Mais do que um marco na trajetória dos sócios, a inauguração do novo endereço evidenciou a necessidade de padronizar visualmente os salões. O de Jacarepaguá tinha estofado amarelo e paredes revestidas de azulejos, com detalhes em dourado. O de Duque de Caxias era azul e branco. O de Niterói, aberto em maio de 2001, verde e branco. Os três eram igualmente bem decorados, claros, limpos e espaçosos, mas não como o da Tijuca, onde predominava o vermelho. O processo de escolha das cores era feito em cocriação, um conceito de marketing e administração em que pessoas de fora da empresa, como clientes, fornecedores e funcionários, são convidados a opinar.

Em 2001, optaram enfim por uma logomarca que valorizava o vermelho, cor que, coincidentemente, traduzia as paixões de Zica: São Jorge, Salgueiro e Flamengo. (Os sócios compartilham a adoração pelo mesmo time, enquanto a escola de samba divide opiniões.) A clientela também não costuma ter atração por tons pastel. Prefere cores fortes. Além de agradar a gregos e troianos, estudos indicam que o vermelho exala sensualidade, estimula reações cerebrais e corporais e influencia a elevação da autoestima. Leila costuma dizer que os salões da rede foram construídos para "uma consumidora muitas vezes esquecida pelo mercado de cosméticos – uma cliente invisível".

Zica é devota de São Jorge e a imagem do santo está presente em todos os salões. Tem espaço cativo na recepção, perto do balcão e próximo de um arranjo de flores. A estátua simplória comprada em lojas populares foi ganhando ares mais sofisticados. A partir dos anos 2000, os salões receberam um oratório, assinado pela mineira Maria José, que combina cetim e miçangas. Só os endereços de Jacarepaguá – segundo salão no bairro, que substituiu o primeiro aberto em 1999 – e de Campo Grande, inaugurado em 2006, fugiram à regra. Ambos ganharam um santuário gigante.

Zica repete um ritual até hoje: sempre que chega a um salão pede a bênção ao santo. Ela diz que ele representa "amor, união, força, criatividade e crescimento". Na sua casa, São Jorge também ganhou um lugar de destaque – uma fonte de água logo na entrada. A sócia também costuma homenageá-lo vestindo roupas enfeitadas com sua imagem nas inaugurações de novos salões.

O Beleza Natural nasceu e cresceu abençoado.

Marketing São Tomé

A divulgação da marca nasceu com o Beleza Natural, ainda que os sócios nunca tenham priorizado a propaganda convencional. Seja por falta de dinheiro ou convicção, nunca apostaram em cotas de patrocínio de eventos nem em veiculação de anúncios em jornais, revistas e televisão. Optaram simplesmente pelo "marketing São Tomé": o cliente deveria ver o produto em ação e constatar o resultado.

A primeira vez que Leila testou o marketing São Tomé – expressão cunhada por ela – foi em Vilar dos Teles, em São João de Meriti, cidade da Região Metropolitana do Rio de Janeiro. Um pequeno camarim foi montado numa escola pública de ensino médio, o que aproximava o salão de seu público-alvo. A ideia era mostrar o resultado concreto do que faziam – e não apenas a promessa. Era tanta menina querendo fazer o cabelo que o minissalão improvisado sofreu com a sobrecarga elétrica. Como a luz caía o tempo todo, uma funcionária do Beleza Natural foi escalada para ligar e desligar o disjuntor. Quedas de luz à parte, o evento foi um sucesso.

Alguns anos depois, quando voltou a estudar, Leila conheceu a história de Walt Disney. "Faça o que você faz tão bem que as pessoas irão querer ver isso novamente e trarão seus amigos" é uma das frases célebres do empreendedor americano que se tornou fonte de inspiração para a executiva e seus sócios.

O marketing São Tomé foi explorado ao limite. Eles levavam a marca o mais perto que podiam do consumidor. Não dispensavam eventos: visitavam a escolas, participavam de feiras, faziam desfiles em shopping centers, etc. Num desses desfiles, Leila levou seus próprios sapatos para emprestar às funcionárias. Ao final, descobriu que tinham sido levados pelo público. À época, a empresa não tinha como promover um evento bancando roupas, acessórios e sapatos. A saída era contar com as peças do armário.

A estratégia vinha dando certo, mas Leila estava convencida de que precisava deixar na mão das futuras clientes algo mais palpável e duradouro – um produto que perpetuasse a marca na vida daquelas pessoas. Uma revista seria a solução para preencher a lacuna, mas com que dinheiro editá-la? Os gastos eram altos e eles precisavam programar a abertura de novos salões. Leila decidiu que se encarregaria de tudo, da capa à contracapa, do editorial ao horóscopo. Apenas as fotos e a diagramação seriam terceirizadas, assim como a impressão. Zica, Rogério e Jair não se opuseram.

Em 1997, nascia a revista customizada do Beleza Natural. Com 22 páginas, fotos grandes, textos leves e curtos, os assuntos eram variados. Em um pequeno artigo, Leila escreveu sobre implante, permanente afro e alisamento. Clientes ofereceram depoimentos sobre o uso do Super-Relaxante. Os sócios aproveitaram para divulgar que o salão também atendia homens e crianças e que algumas unidades dispunham de espaço exclusivo para o público mirim – uma linha de produtos específica chegou a ser desenvolvida, a Turma da Ziquinha.

A publicação abordava temas como câncer de pele e de mama, violência doméstica, alcoolismo, etc. O lançamento coincidiu com um momento especial do mercado editorial brasileiro. Um ano antes, em setembro de 1996, chegava às bancas a revista *Raça Brasil*, primeira publicação do país a dar visibilidade à classe média negra. O sucesso foi estrondoso. Em 13 de outubro daquele ano, em entrevista ao já extinto *Jornal da Tarde*, Roberto Melo, jornalista responsável pela revista, ofereceu sua versão sobre o momento que o país vivia:

As vendas de Raça Brasil *contrariam três dogmas do mercado editorial: o de que os negros não têm poder de compra de produtos supérfluos, o de que revistas que trazem negros na capa não vendem e o de que o negro brasileiro não tem orgulho da raça.*

Inspirada na *Raça Brasil*, Leila transformou suas clientes e seus funcionários em modelos da revista do Beleza Natural. "Colocá-los no papel de protagonistas mexe com a autoestima", diz. O padrão estético socialmente rejeitado logo iria ocupar outro lugar no imaginário dos leitores. Os cachos viraram objeto de desejo. As fotos retratavam negros fora do espaço da marginalidade, da pobreza e da opressão. Era uma estratégia perfeita para consolidar a ideia de que, no lugar de fabricar cachos em série, o que Zica e seus sócios queriam era transformar os cabelos crespos em um novo padrão de beleza.

O primeiro número da revista homenageou as quatro técnicas que começaram a construir a história do Beleza Natural. A revista continuou circulando periodicamente por cerca de dois anos. O sonho de Leila era manter uma publicação mensal, mas os custos inviabilizaram o projeto editorial a médio prazo. Chegou-se a considerar a hipótese de atrair anunciantes. Não funcionou. Os potenciais parceiros comerciais eram concorrentes do serviço oferecido no salão ou dos produtos ali vendidos.

À medida que a empresa foi crescendo e os custos, aumentando, a verba de comunicação passou a ser disputada por diferentes mídias, como Serviço de Atendimento ao Consumidor (SAC), site e assessoria de imprensa. A publicação foi interrompida, embora seja ainda editada em momentos específicos, como a entrada da marca em um novo mercado. As empresas costumam gastar, em média, 5% do faturamento em marketing. Leila subverteu essa lógica. Sua convicção de que o produto inventado por Zica era imbatível a fez gastar o mínimo possível – ainda assim, continuou a atrair cada vez mais clientes. A regra se mantém até hoje.

Uma década depois de lançar a revista, a empresa mergulhou na web. Criou um site próprio em Flash – com dicas de beleza para os cabelos, capas da revista customizadas, fotos de clientes antes e depois do tratamento e campanhas promocionais –, enquanto as clientes espontaneamente montaram uma comunidade no Orkut, que chegou a contabilizar 5 mil participantes. Falavam com paixão sobre a marca, criticavam e, sobretudo, atuavam como verdadeiras porta-vozes do Beleza Natural. Leila nunca concordou em censurar aquele espaço: achava que o importante era interagir com as clientes nas redes sociais. Acabou convencida a monitorá-lo à distância, convidando líderes da comunidade e clientes para conhecer os bastidores da empresa e a fábrica.

O primeiro evento "Orkontros" – palavra criada da junção de duas outras, "Orkut" e "encontros" – foi uma visita conduzida por Leila à Cor Brasil, fábrica inaugurada dois anos antes, em 2004. Lá ela explicou o processo de produção do Super-Relaxante e falou sobre os outros produtos da marca e a cultura do Beleza Natural. Os Orkontros se transformaram em um dos eventos da marca. A pesquisa *in home* virou rotina. A empresa costuma promover dez visitas durante o ano. É nesses encontros informais com a cliente, em sua própria casa, que os sócios se alimentam de ideias inovadoras para o portfólio de produtos.

Numa dessas visitas, descobriram que algumas clientes não se desfaziam das embalagens. Ia tudo para debaixo da cama, já que não tinham em casa espaço para guardá-las. Outras pintavam o banheiro de preto após ler na embalagem que o produto não poderia ficar exposto ao sol. Como o objetivo era aproximar-se das clientes, eram promovidos sorteios entre as consumidoras. As vencedoras eram levadas para passear pela cidade de limusine e jantar em churrascarias. A cliente ainda passava o dia no salão sendo penteada e maquiada, além de ser presenteada com roupas e acessórios.

Em 2011, as mídias sociais já haviam se transformado em fenômeno de comunicação. A empresa percebeu então que precisava interagir com o universo digital de forma mais estratégica. Criou um perfil no Facebook, que passou a ser um importante canal de comunicação com os clientes. Leila não queria uma plataforma fechada, onde o usuário não pudesse interagir e postar livremente. Defendia que o espaço fosse o mais transparente possível. Mas acabou se convencendo do contrário e a plataforma virou uma fanpage. Em pouco tempo, a página passou a ser controlada pela equipe de comunicação. Isso porque algumas poucas clientes usaram o espaço para postar fotos em microbiquínis deitadas na cama em poses sensuais – uma linguagem que não traduzia a filosofia da rede.

A página se tornou um importante canal de comunicação com as consumidoras e passou a ser usada para divulgar promoções, inaugurações de novos salões e lançamentos de produtos. As clientes interagem tirando dúvidas e as respostas são dadas em tom pessoal e carinhoso. Invariavelmente, são chamadas de "minha flor" ou "minha linda". A importância das blogueiras obrigou as empresas do setor de beleza a incluí-las nas suas estratégias.

O mercado de beleza costuma fazer sucesso nessas plataformas de mídias sociais. O engajamento com a marca – índice que engloba métricas quantitativas e qualitativas e se traduz em números de seguidores, comentários postados, compartilhamentos, retuítes, visualizações – está na ordem de 1,23, enquanto a média registrada no segmento de beleza é de 0,22.

Com a popularização da internet entre a classe C, clientes passaram a criar blogs, postar vídeos no YouTube e criar perfis no Facebook com dicas de beleza. Existem diversos blogs dialogando com o universo das cacheadas, e 25 blogueiras são consideradas peças-chave para o Beleza Natural. São meninas que falam com conhecimento de causa sobre o assunto. Muitas delas já foram convidadas a conhecer o salão.

O sucesso da marca fez os sócios caírem na armadilha de acreditar que a diversificação alavancaria o negócio. Em determinado momento, até esmalte com o nome de clientes, sócias e colaboradoras chegou a ser vendido nos salões. O estímulo vinha das próprias clientes, que pediam novos produtos da marca. O desejo foi realizado. Uma pesquisa indicou um esmalte de secagem rápida. O produto com uma cor vermelha mais vibrante foi batizado de Zica; o renda, de Leila. A linha de esmaltes By Zica oferecia variedade de 33 cores.

Os sócios traziam o produto de Diadema, região do ABC paulista, onde fica a Lipson – empresa especializada na fabricação de cosméticos para terceiros. No salão de Jacarepaguá, o esmalte recebia um adesivo com nome escolhido aleatoriamente do banco de dados da empresa. Os sócios davam preferência ao frasco mais caro. O volume de vendas era pequeno e a conta não fechava. Insistiram. Vieram as maquiagens importadas da alemã Faber-Castell Cosméticos, adquiridas de um representante no Brasil. O problema era a demora de até seis meses na reposição do estoque. A lista de nomes disponíveis para batizar batons, sombras, rímel e blush era infindável: Nani, Sônia, Ana Paula, Cris, Íris, Lili, Soraia, Valéria, Adelaide, Alice, Aline, Cláudia, Deise, Mary. Todos nomes de colaboradoras, além das próprias Zica e Leila.

Estimulados pelas clientes, venderam ainda perfumes da marca Ferrari, nas versões feminina e masculina. E também sandálias Havaianas customizadas com miçangas – feitas por uma cliente – e biquínis com o nome da empresa bordado.

A clientela estava adorando as novidades, mas os sócios ficaram preocupados: estavam gastando tempo, dinheiro e energia num negócio com retorno financeiro aquém do esperado.

A diversificação, iniciada no fim dos anos 1990, durou pouco menos de dois anos. Leila acabara de iniciar o curso de Administração na Escola Superior de Propaganda e Marketing (ESPM), para o qual ganhou uma bolsa depois de ser aprovada em primeiro lugar. Levou sua preocupação para a faculdade, onde passou a discutir o assunto com professores. Contava que o trabalho triplicara e o resultado financeiro não compensava. Os sócios estavam perdendo tempo, gastando dinheiro e energia. Insistir era correr o risco de perder o controle da situação. À medida que o negócio crescia, Leila percebia que faltava embasamento teórico para determinadas decisões. Ela foi buscá-lo na faculdade. Seu trabalho de conclusão de curso – um calhamaço de 266 páginas, acompanhado de um caderno de tabelas com cerca de 100 páginas, apresentado em meados de 2006 – transformou-se no primeiro planejamento estratégico. Ela produziu um diagnóstico minucioso e definiu a missão e a visão da empresa. O nome de Zica inspirou a definição dos valores: Z, de zelo; I, de inovação; C, de competência; A, de ambiente limpo, agradável e de qualidade. À época, eram 400 colaboradores, dois estagiários e 40 funcionários terceirizados, que integravam as áreas de consultoria jurídica, contabilidade e transporte de mercadorias.

A monografia conduziu Leila a uma profunda reflexão sobre a extensão da marca, que nasceu sem planejamento estratégico. Chegou à conclusão, depois de ouvir os professores, que o correto seria suspender o quanto antes a venda de esmaltes, maquiagens e outros acessórios. Os sócios concordaram. A orientação era para que se concentrassem no que faziam de melhor: oferecer serviços e produtos para mulheres de cabelos crespos. A diversificação foi abandonada, ainda que nunca tenha saído totalmente do radar.

Em 1998, os sócios cometeram um erro que por pouco não levou a empresa à bancarrota. Abriram um salão exclusivo para clientes VIP em Duque de Caxias, muito próximo de onde há três anos já funcionava outro Beleza Natural. O investimento foi alto. Para conforto da clientela, o atendimento se dava com hora marcada. A loja era pequena, o que impactava negativamente a escala. O custo da operação, por sua vez, era elevadíssimo – a loja ficava num shopping center. As filas logo se fizeram presentes, o que contrariava a proposta original. As clientes esperavam para ser atendidas e ainda pagavam 20% a mais do que num salão tradicional da rede.

Quando a empresa já estava bem maior e contava com especialistas das mais diferentes áreas, os sócios aprenderam que a distância ideal para não comprometer a operação é de 4 a 5 quilômetros entre uma loja e outra. Foi um erro primário, mas que já tinha sido cometido por grandes conglomerados, como o próprio McDonald's, de onde Leila sugara a energia criativa para transformar sua empresa em referência. Ao permitir a abertura de lojas na mesma área, o McDonald's precisou enfrentar uma rebelião de franqueados contra a redução do faturamento provocada pela proximidade dos restaurantes.

A decisão correta naquele momento, meados de 2000, era fechar o salão um ano e meio depois de inaugurado. Foi a primeira vez que experimentaram o gosto da derrota. Os erros anteriores, como a venda de produtos alheios ao negócio, não chegaram a configurar prejuízo, como ocorrera com o atendimento VIP. Nem mesmo o endividamento provocado pela abertura de dois salões simultaneamente (em Jacarepaguá e em Duque de Caxias) fora um desastre de tamanha proporção.

Analisando em retrospecto, Rogério admite que, na trajetória do Beleza Natural, especialmente nos primeiros anos, muitas lojas foram inauguradas sem planejamento prévio e, não raro, as decisões eram tomadas de forma arbitrária. Eles ainda não trabalhavam com planilha de custos. Os primeiros movimentos de expansão não obedeceram a orçamento fechado. A empresa gastou bem mais do que devia nessas lojas. O Beleza Natural não é um caso isolado. A maioria das empresas de pequeno porte tem sua administração financeira pouco estruturada. Por isso poucas são as que sobrevivem.

Não bastasse conviver com os problemas gerados pela própria loja VIP, os sócios foram alvo de uma onda de rumores – que tinham um pé na realidade. Entre funcionárias e clientes difundiu-se que a empresa estava prestes a quebrar. O medo de demissão se espalhou.

O risco de falência existiu. Com a imagem do salão arranhada por conta do episódio com a unidade VIP, Leila fez um apelo à equipe. Pediu um voto de confiança e garantiu que ninguém seria demitido. A promessa foi cumprida a um custo altíssimo. Os funcionários foram remanejados para outros salões. Mesmo fechado, o ponto continuou dando enorme prejuízo: os sócios tiveram de pagar multas pesadas pelo rompimento do contrato de aluguel. Foram cinco anos administrando o problema. A duras penas, a empresa sobreviveu ao primeiro grande teste de resistência.

A devoradora de livros

A garotada ficou em alvoroço com a chegada do mágico. Na plateia, primos, amigos de escola e vizinhos de prédio da aniversariante. O ano era 1979. O endereço da festa infantil era rua Redentor, 96, Ipanema. A filha do porteiro não constava da lista de convidados. A pequena Leila ficou inconsolável. Tinha 5 anos. Era uma menina magrinha, cheia de pintas no rosto e com longos cabelos crespos. Seu sonho era ver um mágico de perto. Como a festa fora programada para o play, perto de onde ficava o apartamento da família, ela não podia chorar alto para não incomodar. Também não tinha autorização para participar da festa.

Para sua sorte, a mesa de apoio do artista fora montada perto de seu apartamento. A localização não podia ser mais favorável. Leila driblou Severino, seu pai, e Maria, sua mãe, foi até o play e se escondeu atrás de um enorme vaso de plantas, grande o bastante para deixá-la invisível. Durante toda a apresentação ficou agachada assistindo aos truques do ilusionista, como se estivesse na coxia de um palco. Ao final, sabia onde tinha ido parar o pombo que havia sumido da cartola, assim como as cartas do baralho. Enquanto a plateia batia palmas, a pequena vibrava com os mistérios desvendados.

No dia seguinte, as crianças desceram para o play. O assunto era um só: a festa da noite anterior. Leila não se fez de rogada: contou todos os segredos do espetáculo. De excluída da comemoração, virou o centro das atenções. A meninada queria saber como desvendara os truques. Ela contou em detalhes, mas não revelou de onde assistira à apresentação.

O episódio lhe serviu de lição. Desde cedo, aprendeu a não se abater pela condição socioeconômica que a excluía de certos círculos sociais. Na vida adulta, desenvolveu uma espécie de aversão à autocomiseração. As dificuldades da infância e da adolescência jamais foram empecilhos. Seu sucesso profissional é a prova de que, pelo menos para ela, a frase ouvida de Zica não é mero jogo de palavras: "Eu quero, eu posso, eu consigo." E conseguiu. A primogênita dos Velez foi a primeira da família a romper o ciclo de exclusão. Antes dela, nenhum de seus parentes havia feito faculdade. Foi pioneira também ao ascender à classe A.

Severino deixou Ingá, na Paraíba, rumo ao Rio de Janeiro em 1970. Chegou ao "Sul maravilha" sem dinheiro no bolso, sem emprego à vista, sem expectativas concretas. Tinha 20 anos quando se despediu dos pais e dos cinco irmãos. O futuro era incerto e o presente nada tinha a oferecer.

O passado na cidade natal ficava para trás à medida que o ônibus se afastava em direção à BR-116. O país vivia o auge do "milagre brasileiro", período em que o país crescia entre 7% e 13% ao ano.

O sonho do pai de Leila era ganhar dinheiro no Rio de Janeiro e voltar para casa. Não conseguiu nem uma coisa nem outra. Lá se vão 44 anos desde que passou a engrossar as estatísticas oficiais de fluxo migratório do IBGE. Dos três filhos, todos cariocas, a primogênita é a única que conhece a cidade natal dos pais. Os irmãos de Leila – Eduardo, sete anos mais novo, e Luana, do segundo casamento de Severino – nunca viram as inscrições rupestres que fazem parte do cenário local. Ingá fica em pleno semiárido nordestino, ainda que seu nome signifique "cheio d'água" em tupi-guarani.

Quando Severino chegou ao Rio, um amigo, que trabalhava como porteiro, o deixou dormir escondido, perto da caixa d'água, na garagem do prédio onde trabalhava. O retirante estendia sua rede e torcia para não ter de acordar às pressas, de madrugada, para se esconder dos moradores que chegavam tarde da noite. O primeiro bico foi como ajudante de pedreiro em uma obra – a construção civil era um dos setores que floresciam. Mais tarde, por indicação de conterrâneos, conseguiu um emprego de porteiro na Zona Sul, onde conheceu Maria, sua futura mulher.

Mesmo ganhando pouco, Severino comprou um barraco no Vidigal, favela da Zona Sul, nos anos 1980 – época em que a comunidade recebeu a visita do papa João Paulo II. Mais tarde virou taxista, e diz que seu maior prazer é passar de carro em frente à filial de Ipanema do Beleza Natural. De preferência, com um passageiro que goste de conversar para que possa contar sobre a filha famosa.

A infância e a adolescência de Leila foram passadas entre os bairros nobres de Ipanema e Leblon. Espevitada e falante, a menina de longos cabelos crespos tinha enorme facilidade para conquistar a simpatia dos moradores dos prédios onde o pai trabalhava. Aos 3 anos, já sabia ler. Aprendeu com a mãe, frequentadora assídua de bibliotecas públicas. Leila fazia amizade com as bibliotecárias e recebia exemplares repetidos ou envelhecidos pelo manuseio. O prazer da leitura sempre a acompanhou. O pai, analfabeto funcional, não fazia questão que a filha seguisse os estudos. Para ele, diploma de ensino médio era mais do que suficiente. Mas a menina adorava estudar. Notas baixas eram motivo de choro. Toda a formação dela foi em escolas públicas. Os estudos eram intercalados com pequenos bicos. Na pré-adolescência, Leila vendeu pulseiras artesanais e produtos Avon de porta em porta.

Após um ano de curso para formação de professores, desistiu. Não tinha vocação. Decidiu que seria advogada e, quem sabe, diplomata. Seu inglês já era fluente. Leila não se intimidava com os amigos que duvidavam da sua capacidade de passar no vestibular. Sem dinheiro para o cursinho e já trabalhando no McDonald's, meteu a cara nos livros, pediu apostilas emprestadas, trancou-se em casa nos fins de semana. Em 1992, um ano antes de virar sócia de Zica, Rogério e Jair, passou para a Faculdade Nacional de Direito da Universidade Federal do Rio de Janeiro (UFRJ).

Leila ficou exultante com a própria vitória. Além de dividir o tempo entre a faculdade e o trabalho na loja de Ipanema da rede de fast-food, ainda conseguia tomar parte em reuniões estudantis no Centro Acadêmico Cândido de Oliveira (Caco). Foi um ano de grande efervescência política. Os "caras-pintadas" saíram às ruas pedindo o impeachment de Fernando Collor. O presidente estava sob fogo cruzado e, na tentativa de evitar o processo, renunciou em 29 de dezembro, sem escapar da perda dos direitos políticos.

Leila comparecia a todas as manifestações na Cinelândia e na Candelária – pontos tradicionais de protestos no centro do Rio. Vestia uma boina vermelha e se juntava aos colegas do movimento estudantil. Nunca se filiou a partidos políticos. O acessório pode suscitar a suspeita de que seu ídolo fosse o revolucionário cubano Che Guevara. Ainda que o admire, era apenas para esconder os cabelos crespos. Seu ídolo era Nelson Mandela, ícone da luta contra a segregação racial na África do Sul que ganhou o prêmio Nobel da Paz em 1993. Com o tempo, novas fontes de inspiração foram incorporadas à lista pessoal. O criador da Apple, Steve Jobs, é uma delas. Assim como Walt Disney, claro.

~

A experiência no McDonald's, onde começou a trabalhar aos 14 anos, foi definidora do que aconteceria na vida profissional de

Leila. Foi seu primeiro MBA, como gosta de repetir. Começou como atendente de loja, anotando os pedidos na fila de espera da filial de Ipanema, onde trabalhou por cinco anos – foi eleita funcionária do mês nos primeiros 30 dias no emprego. Parece pouco, mas a função é fundamental para impedir gargalos na etapa seguinte. Filas enormes significam engarrafamento na boca do caixa, quando é preciso registrar o pedido e despachá-lo à cozinha.

A adolescente ficou fascinada logo no primeiro dia de trabalho ao descobrir como funcionavam as células de produção. Nelas, cada um é responsável por uma única tarefa, o que acelera o atendimento. Assim que o caixa registra o pedido, o "apoio" o repassa para a cozinha. O pão é colocado em uma tostadeira gigante. Após aquecer, recebe os condimentos. Enquanto é tostado e preparado, a carne para o hambúrguer é colocada em outra chapa, assim como o queijo para o cheeseburguer. A etapa seguinte é montar e embalar o lanche. O último elo da cadeia é o funcionário chamado de "produção final", a quem cabe checar o sanduíche e liberá-lo para a estufa. Cada etapa do processo conta com um manual a ser seguido. Leila se orgulha de ter lido todas as apostilas – sem autorização –, inclusive as que ensinavam a realizar a manutenção das máquinas.

Já empreendedora de sucesso, ela e Rogério foram convidados pela diretoria do McDonald's no Brasil para contar a história do Beleza Natural aos funcionários do Centro de Treinamento da cadeia de fast-food, em São Paulo. Leila fez questão de deixar o seguinte recado em seu depoimento: "O McDonald's pode ser visto apenas como um lugar que oferece emprego sem exigir qualificação e que paga baixos salários. Eu preferi olhar para ele como uma escola."

Um ano depois de contratada pelo franqueado de Ipanema, Luis Pinho, Leila foi promovida ao cargo de gerente. Pela pouca idade, foi necessária autorização dos pais e da matriz. A novíssima gerente vivia dando ideias. Uma delas foi que a loja patrocinasse uma escola de bodyboard para crianças de escolas públicas. Pinho gostou. Campeões brasileiros foram convidados para dar aulas. Leila ficou responsável por percorrer as escolas da Zona Sul carioca para formar a turma. Reuniu 60 crianças que, três vezes por semana, treinavam na praia de Ipanema. Após o treino, o McDonald's oferecia um lanche.

O empresário português Luis Pinho fez história na rede. Foi apontado como um dos mais criativos franqueados que o McDonald's já teve no Brasil. Em 1992, sua loja foi a primeira da América do Sul a ganhar o prêmio Governor's Arts Awards – conferido a cada dois anos às 20 melhores lojas do mundo. Iniciativas inovadoras, como o jantar à luz de velas, ajudaram a tirar a filial do anonimato. O jantar ocorria às terças-feiras, dia tradicionalmente fraco na loja de Ipanema. Leila teve a ideia de incrementá-lo oferecendo uma minigarrafa de champanhe. Foi sozinha à sede da Dijon e negociou com o dono, Humberto Saade, uma parceria para garantir a bebida. Quando tudo estava praticamente acertado, comunicou ao chefe. Pinho apenas sacramentou a parceria. A luz da loja era reduzida e o som ambiente variava entre "The Moment", "Forever in Love", "Going Home" e outras músicas do repertório do instrumentista Kenny G. A trilha sonora também foi ideia de Leila.

~

Se uma boa dose de intuição predominou na definição do modelo adotado no Beleza Natural, com o passar do tempo Leila sentiu necessidade de buscar no mundo acadêmico a experiência que lhe faltava na vivência profissional. Desde que abandonou o curso de Direito (pelo qual se desencantou) no segundo ano, um bom tempo se passou até voltar a estudar.

Em 2001, seus dois filhos com Rogério, Aliel e Pedro, já tinham nascido. Havia sete anos que a empresa tinha aberto o primeiro salão, na Muda. Junto com o marido – que também foi o primeiro de sua família a ter diploma universitário –, Leila se matriculou em quase todos os cursos disponíveis na Fundação Getúlio Vargas (FGV): gestão, liderança, marketing, vendas, administração financeira, atendimento ao consumidor, comportamento do consumidor, pesquisa quantitativa e qualitativa. Zica e Jair também voltaram à sala de aula para alguns desses cursos.

Já balzaquiana, Leila retornou à faculdade. A primeira graduação foi concluída em 2006, um ano depois de o Beleza Natural ingressar na Endeavor. Passou em primeiro lugar para o curso de Administração da Escola Superior de Propaganda e Marketing (ESPM) e foi premiada por apresentar o melhor trabalho de conclusão. Tirou nota 10 e foi uma das finalistas do prêmio Francisco Gracioso de excelência acadêmica concedido pela própria instituição.

Um dos seus professores, Marcelo Guedes, lembra que a aluna monopolizava a atenção nas aulas ao falar sobre a trajetória da rede de cabeleireiros. Leila cultivava relações de amizade como poucas e tinha consciência da necessidade de dispor de uma rede de profissionais para ajudá-la. Agarrava cada oportunidade, como fizera na Endeavor. Absorvia o conhecimento dos professores e, em troca, oferecia sua própria empresa como estudo de caso.

Um dia, Guedes falava em sala de aula sobre a importância da estatística na tomada de decisões. Ela percebeu que desprezava dados importantes computados pelo IBGE em pesquisas como PNAD (Pesquisa Nacional por Amostra de Domicílios) e POF (Pesquisa de Orçamentos Familiares). Procurou as amostras que lhe interessavam, adicionou informações complementares sobre a classe C e concluiu que a empresa devia abrir uma loja em Campo Grande, na Zona Oeste. O salão foi inaugurado em março de 2006.

~

Dois anos depois de concluir a faculdade, Leila se matriculou no MBA do Instituto Coppead de Administração da UFRJ. Associando poder de análise e muita dedicação, destacou-se. Almoçava rápido e voltava correndo para a sala de aula. O contato estreito com Leila fez Maribel Suarez, sua professora do Coppead, concluir que o Beleza Natural "tem muito a ensinar à academia". A empreendedora acumula diplomas de cursos de pós-graduação em Harvard, Columbia e Stanford. Outra professora, Roberta Campos, considera a empresa um "ícone da capacidade inventiva da mulher de baixa renda, que cria soluções próprias para resolver seus problemas quando a indústria negligencia suas necessidades".

Elogios à parte, se a mulher ainda é minoria no alto escalão das empresas, o que dizer das negras? "Preciso me esforçar três vezes mais. Primeiro, por ser mulher. Segundo, por ser mulher negra. Terceiro, por não ter experiência profissional em multinacionais", afirma Leila. A superintendente-geral do Instituto Brasileiro de Governança Corporativa (IBGC), Heloisa Bedicks, confirma a tese:

Temos 1.700 associados, entre empresas de capital aberto ou fechado e também grupos familiares, e nenhum executivo negro associado à instituição.

No Brasil, apenas 7% das mulheres conseguem chegar aos níveis mais altos das empresas, que são os conselhos de administração. Excluindo-se herdeiras, o percentual cai para 3%. A escassez de mulheres no topo das empresas é um fenômeno mundial. Apenas 3% das 500 empresas listadas na revista americana *Fortune* têm mulheres no cargo de CEO. No Brasil, o ranking "Maiores e Melhores" de 2010 da revista *Exame* indicava que apenas duas das 100 maiores empresas do país eram comandadas por mulheres. A pesquisa foi publicada no mesmo ano em que Leila assumiu a presidência do Beleza Natural.

Seu esforço tem reconhecimento merecido. Ela é conselheira dos institutos Ethos e Coca-Cola, da Endeavor e do Entrepreneurship and

Competitiveness in Latin America (ECLA), da Universidade de Columbia. Também participa do Fórum Mulheres do Brasil, coordenado pela empresária Luiza Trajano, dona do Magazine Luiza.

~

O elevador de serviço foi o passaporte de Leila para os andares de cima, nos endereços onde morou nas ruas Redentor, Almirante Pereira Guimarães e Cupertino Durão, as duas últimas no Leblon. Sua mãe era lavadeira e Leila ajudava com as entregas. Enquanto aguardava o pagamento, espiava da porta um mundo diferente. O que mais chamava atenção eram os porta-retratos, onde se deparou um dia, fascinada, com a Torre Eiffel.

A primeira viagem internacional ocorreu em 2001. Leila e Zica cruzaram o Atlântico para cumprir dois compromissos. Foram visitar uma feira de cosméticos em Atlanta: a Bronner Bros. International Hair Show. Dos Estados Unidos, seguiram para Amsterdã. Foram conhecer o centro de pesquisa e desenvolvimento da Keune, de quem compravam tintura para cabelos. Leila voltou impressionada com o que viu, mas concluiu que não servia de modelo para sua própria fábrica, que veio a ser aberta em 2004. "Eles têm um centro de pesquisa e desenvolvimento no estado da arte. Mas como são produtos para as nórdicas, donas de cabelos finos, lisos e louros, não são um exemplo a ser seguido", diz ela.

Leila nunca mais parou de frequentar feiras do setor, como a International Beauty Show, em Nova York, e a Cosmoprof, uma das maiores de perfumaria e cosméticos, que ocorre anualmente em Bolonha, Itália.

As visitas técnicas também entraram na sua rotina: Walmart, Starbucks, Bloomingdale's, Antropologie, American Girl Place, Abercrombie & Fitch e Redken. Na Macy's, considerada a maior loja de departamentos de Manhattan, as conversas versaram sobre como lidar com o cliente. No Google, seu maior interesse foi discutir sobre inovação com os executivos. Na Starbucks, maior rede de cafeterias do mundo, a pauta foi expansão versus preservação da cultura empresarial. Em cada visita, um aprendizado.

As viagens se tornaram um de seus grandes prazeres, assim como assistir a óperas. Sua introdução a esse mundo se deu com *Carmen*, de Bizet. Leila tinha sete anos quando transpôs pela primeira vez o imponente portão principal do Teatro Municipal do Rio de Janeiro, levada pela mãe de uma de suas amigas ricas. Foi arrebatada pela beleza da cigana, sua exuberância e liberdade indomável: "Aquele mundo me invadiu", conta Leila. O espetáculo ficou para sempre na memória, na retina e nos ouvidos. "Eu me lembro até hoje da beleza da música e da opulência do lugar, com todo aquele mármore de Carrara, os vitrais, os lustres de bronze dourado", recorda. *Carmen* é considerada a porta de entrada no mundo operístico. Com Leila, funcionou. Depois de Bizet, vieram *A flauta mágica*, *As bodas de Fígaro*, *La Bohème*, *Aída*, *Don Giovanni*...

A convivência com dois mundos distintos lhe permitiu transitar com desenvoltura entre clientes do Beleza Natural, empresários de peso e personalidades internacionais. Ao lado de outras 13 mulheres de negócios globais, Leila foi convidada, em 2011, a participar de um encontro em Reims, França, promovido pela Veuve Clicquot: o *Femme d'affaires* ("mulher de negócios", na tradução do francês).

O encontro associa histórias de empreendedorismo feminino mundo afora ao da viúva Barbe-Nicole Clicquot. Integrar esse grupo seleto é uma honra para qualquer empreendedora. Seu nome tornou-se exemplo de vanguarda, inovação e competência num momento em que as mulheres do século XIX eram vistas como muitas coisas, menos como vanguardistas, inovadoras e competentes.

Madame Clicquot superou as adversidades, indo do luto à fama, ao criar uma das mais icônicas produtoras de vinho do mundo, a Maison Veuve Clicquot. Ela assumiu os negócios da família aos 27 anos, após a morte do seu marido, François Clicquot. Sem nenhuma educação formal para os negócios e com uma filha para criar, agarrou-se ao trabalho e conseguiu que os vinhos suaves e borbulhantes de sua propriedade caíssem nas graças dos soldados estrangeiros que lutavam na França durante as Guerras Napoleônicas. Com o fim do conflito, não esperou a liberação dos portos para enviar 10 mil garrafas à Rússia. A bebida se tornou símbolo de sucesso na Europa. Madame Clicquot converteu-se numa mulher rica e influente, além de responsável por erguer um império.

"Foi um orgulho receber esse convite", afirma Leila. Na ocasião, ela plantou uma videira. O vinho batizado com seu nome será engarrafado em 2017. Ela pretende abri-lo então para comemorar a internacionalização do Beleza Natural.

No Milken Institute, Leila conheceu o ex-presidente dos Estados Unidos Bill Clinton e o cineasta George Lucas. Era uma palestra para 3 mil pessoas. Também em 2012, participou de um jantar, no Morro da Urca, no Rio, em homenagem ao príncipe Harry e aos membros do Founder's Forum – um grupo formado por fundadores de empresas da Grã-Bretanha. Foi convidada a apresentar o case do Beleza Natural em Londres, ocasião em que foi recebida, em casa, pelo primeiro-ministro britânico David Cameron. Poucos meses depois, conheceu a ex-secretária de Estado americano Condoleezza Rice quando ela esteve no Brasil.

Assumiu o papel de militante da causa das mulheres empreendedoras e das pequenas empresas. Como membro do grupo "Mulheres do Brasil", liderado pela empresária Luíza Trajano, encontrou-se com a presidente Dilma Rousseff. Foi logo depois de garantirem uma vitória na Lei do Simples – legislação que garante a sobrevivência das microempresas. Com apoio da FGV, seu grupo de trabalho provou que a manutenção das alíquotas reduzidas não provocaria uma queda brutal da arrecação de impostos como projetava o governo.

Leila passou a se achar bonita após conhecer Zica e testar a inovação da sócia. Tinha vergonha do cabelo crespo e, como era muito alta, sentia-se um "varapau com cabelo de vassoura". Para não passar constrangimento na escola, sua mãe fazia uma trança tão apertada que ela saía à rua "parecendo uma descendente de japonês". A menina virou um mulherão. Não bastasse o 1,75 metro de altura, Leila parece sempre muito mais alta do que realmente é. Ela não sai de casa calçando sapatos com saltos menores do que 15 centímetros. Sem pudor de ser bonita, usa e abusa de decotes, fendas, roupas acinturadas, cores fortes. Seu gosto pessoal, admite, sofreu influência decisiva de Carmen, a personagem-título da ópera de Bizet. Ela não segue estereótipos. Ao contrário, tornou-se modelo de beleza e inspiração para as meninas do Beleza Natural, assim como Zica.

Situação bem diferente da menina que tinha apenas um par de sapatos na infância e na adolescência. Leila conta que, nos dias de chuva, quando o calçado ficava encharcado a caminho da escola ou no trajeto para a entrega das roupas das freguesas da mãe, a alternativa era colocar uma folha de jornal por dentro para não ficar com os pés molhados o dia inteiro.

De tanto entregar roupa, desenvolveu uma estratégia para reduzir o tempo do serviço. "Posso dizer que, nessa época, acabei virando especialista em logística", brinca. O roteiro levava em consideração empecilhos como feiras livres ou ruas engarrafadas que a faziam perder mais tempo dentro do ônibus. A forma como absorveu essa experiência reforça, mais uma vez, que transformar adversidades em oportunidades é regra em sua vida.

Foi em uma dessas andanças que, à época com 12 anos, soube da existência de um curso de idiomas gratuito na Cruzada São Sebastião, conjunto habitacional de baixa renda em pleno Leblon. A aluna do curso comunitário acabaria dominando o inglês a ponto de conversar, de igual para igual, com banqueiros e empresários do mundo todo. Para não perder o contato com a língua, repetiu o último ano um par de vezes. Na terceira tentativa foi barrada pela professora, que sugeriu que ela procurasse um curso renomado de inglês para concluir sua formação. Acabou sabendo de um programa do Ibeu, chamado Student's Helpers. Era uma espécie de troca de favores entre o aluno e a instituição. Nas férias escolares, Leila trabalhava na secretaria fazendo matrícula dos novos alunos. Às vezes o serviço incluía limpeza das salas, da biblioteca e até dos banheiros. O pagamento pelo trabalho era uma bolsa de estudos. Hoje ela fala alemão, francês e espanhol, ainda que não com a mesma fluência do inglês. Todos os cursos foram feitos com bolsas de estudos.

~

Às vésperas de completar 40 anos, em janeiro de 2014, Leila ganhou o título de jovem líder global do Fórum Econômico Mundial, que ocorre todos os anos em Davos, Suíça. Durante uma semana, o enclave alpino, a 1.560 metros de altitude, perde seu sossego habitual e torna-se o epicentro de discussões globais de chefes de Estado, líderes do setor privado mundial, artistas, acadêmicos, líderes religiosos, sindicalistas e ativistas. Leila engrossou a lista dos 215 indicados de 2014, junto com Claudia Sender, CEO da TAM Linhas Aéreas. O reconhecimento deixou a filha de Severino com as pernas bambas e os olhos cheios de lágrimas. Foi inevitável revisitar o passado de menina pobre ao ser informada, por telefone, da indicação:

Ser filha de porteiro me proporcionou um mundo de vantagens, especialmente por minha família morar na Zona Sul do Rio de Janeiro.

Eu ia à praia, andava de bicicleta em volta da Lagoa Rodrigo de Freitas e convivia com pessoas que, de outra forma, talvez não tivesse a oportunidade de conhecer. Ao mesmo tempo, eu precisava voltar para uma realidade de restrições e privações.

Olhamos para a vida pelo prisma que queremos. Eu sempre procurei ver o lado bom de tudo.

Fotos: arquivo pessoal

Acima, Zica, aos 9 anos (no centro), com o irmão Alexandre no colo e os primos, na favela do Catrambi, onde moravam. Foi com essa idade que ela começou a trabalhar para ajudar a família. Embaixo (na foto à esquerda) com os cabelos black power, moda nos anos 1970. À direita, aos 18 anos, de cabelos alisados e já trabalhando como faxineira.

Fotos: arquivo pessoal

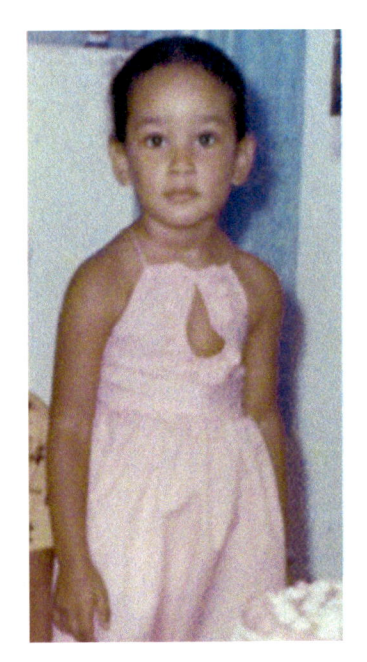

No alto, à esquerda, Leila aos 3 anos: filha de porteiro de um prédio luxuoso da Zona Sul carioca, a menina desde criança transitava entre dois mundos. Na foto abaixo, aos 14 anos, no seu primeiro emprego, no McDonald's, quando foi destaque do mês como funcionária-padrão. Em apenas dois anos foi promovida de atendente a gerente de loja.

Fotos: arquivo pessoal

Em sentido horário: Zica com os filhos Juninho e Neca, conciliando os papéis de mãe, faxineira e cientista nas horas vagas; seu marido, Jair, no fusca comprado após o sucesso do primeiro salão, na Muda; e Rogério (à esquerda na foto), que conheceu Leila quando ambos trabalhavam no McDonald's e que também se tornaria sócio do Beleza Natural.

Fotos: arquivo pessoal

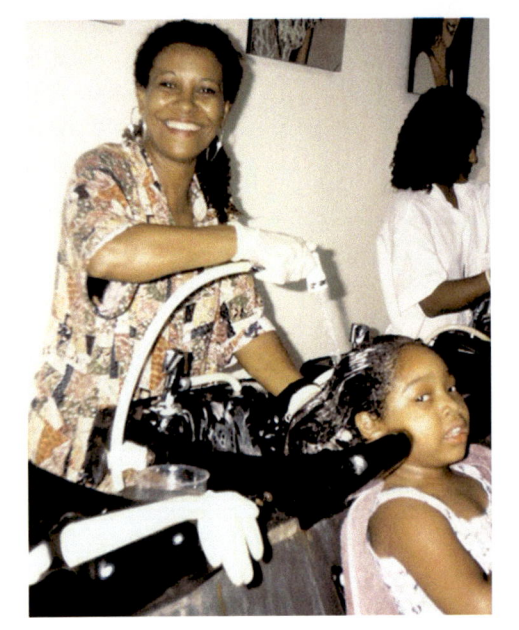

Em 1993, Zica realiza seu sonho ao inaugurar o primeiro salão, na Muda. Seu sorriso cativante ajudou a atrair e fidelizar a clientela. Acima, no salão da Usina, com o irmão e sócio Rogério, que tinha sido cobaia nos testes do Super-Relaxante. Abaixo, as embalagens dos produtos do Beleza Natural nos primórdios da empresa.

Fotos: divulgação

A expansão da rede começou em 1995, com a loja de Jacarepaguá, decorada em tons de amarelo, e a de Duque de Caxias, em azul. Acima, a inauguração do salão de Niterói, com a presença de Dulce e João (no centro), pais de Zica e Rogério.

Fotos: divulgação

Em 2004, pouco mais de uma década depois de abrir o primeiro salão, o Beleza Natural passa a ter uma fábrica própria: a Cor Brasil. Os sócios fizeram um investimento alto em tecnologia para garantir a qualidade dos produtos e lançaram uma linha para cachos, que rendeu o primeiro estudo brasileiro sobre cabelos crespos e ondulados.

No alto, Paulo Veras (no meio), diretor da Endeavor Brasil, usando a peruca black power de Zica durante a sabatina internacional em 2005. Leila passou a circular com desenvoltura entre expoentes do empresariado nacional, como Jorge Paulo Lemann (na foto acima, no centro, de calça verde). Ao lado, ela participa do CEO Summit com Fersen Lambranho, conselheiro da Endeavor que atuou como mentor financeiro do Beleza Natural, antes de virar sócio da empresa.

Fotos: arquivo pessoal

Com o crescimento do negócio, Leila retomou os estudos e fez cursos no exterior, um deles na Universidade de Columbia (no alto). O sucesso do Beleza Natural a levou a conhecer personalidades como Condoleezza Rice, ex-secretária de Estado americano, e a receber o prêmio Femme d'Affaires, da francesa Veuve Clicquot.

Eleita pela Forbes *uma das 10 Mulheres de Negócios Mais Poderosas do Brasil em 2013, Zica acumula uma série de conquistas. Em 2012, recebeu das mãos da empresária Luiza Trajano o Prêmio Claudia na categoria Negócios (no alto). Acima, à esquerda, com o troféu de Empreendedora do Ano pela Ernst & Young (2005), ao lado do marido e sócio, Jair. No mesmo ano, ganhou o prêmio Empreendedor do Novo Brasil, da Você S/A.*

O Beleza Natural sempre investiu na valorização da mulher negra. No sentido horário, Leila e Zica, madrinha e rainha do Bloco das Cacheadas, que sai no Carnaval pelas ruas da Tijuca, no Rio. As sócias vibram durante o concurso Garota Beleza Natural, disputado pelas clientes da rede. Ao lado, para estimular a cultura do serviço, as duas metem a mão na massa e preparam pizzas para os funcionários no evento Cantina da Mamma Zica.

Fotos: divulgação

Para trabalhar no Beleza Natural é preciso fazer um curso de formação. No alto, Zica entrega o diploma para as formandas de 2014. Desde que virou presidente da empresa, Leila (acima) mantém a rotina de visitar periodicamente os salões para conversar com clientes e funcionárias.

Fotos: divulgação

A partir de 2011, a rede resolveu padronizar os salões e investiu em um novo projeto arquitetônico, com móveis modulares, que permitem inúmeras combinações de acordo com o fluxo de clientes. Os ambientes não têm parede, para evitar gargalos na linha de produção. A senha para atendimento foi um conceito introduzido em 1993 e que sempre deu certo. Nas fotos, o instituto do Cachambi, inaugurado em 2013.

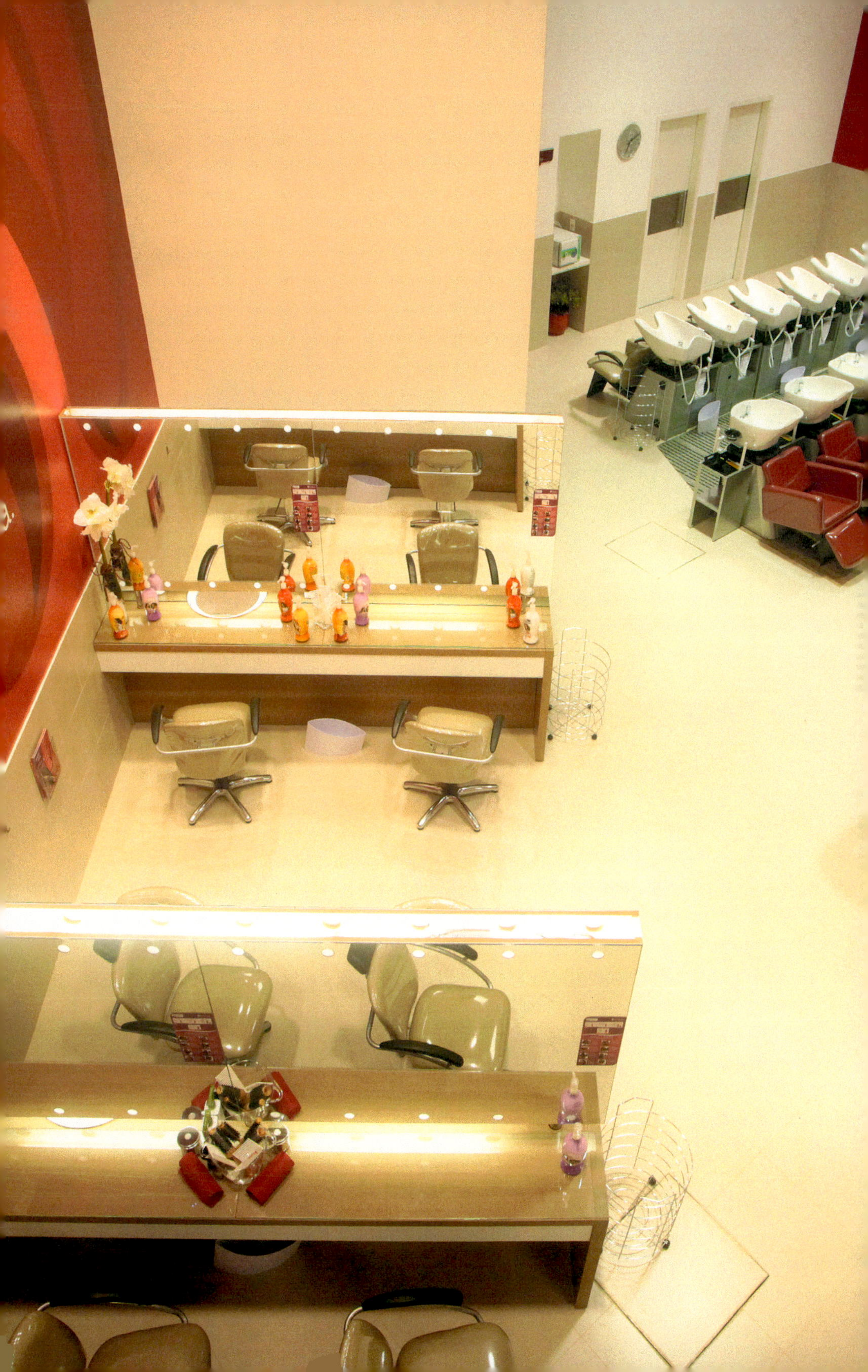

Arquivo pessoal

A sociedade entre o Beleza Natural e a GP Investimentos foi sacramentada em agosto de 2013. Thiago Rodrigues, Jair, Zica, Leila, Rogério e Daniel Cunha (da esquerda para a direita) negociaram por seis meses até que o acordo fosse fechado. Ao comprar 33% do capital da empresa, o fundo de investimento injetou 70 milhões de reais. Com dinheiro em caixa, as inaugurações não pararam mais. A meta é chegar a 120 salões em 2018.

Divulgação

Em 2012, Leila e Zica se apresentaram no Day 1, evento organizado pela Endeavor. A cada edição, alguns dos maiores empreendedores do Brasil contam sua história de sucesso ao público.

Os sócios Rogério, Zica, Leila e Jair transformaram o Beleza Natural na maior rede de salões para mulheres de cabelos crespos e ondulados. Como sonhar grande ou pequeno dá o mesmo trabalho, a meta é a internacionalização. A primeira loja fora do país já começou a ser prospectada e tem endereço certo: Nova York.

Visual *black power*

Zica estava nervosa. Andava de um lado para outro na suíte do Hotel Fazenda Capoava. Sorte que o ambiente era acolhedor: um casarão de meados do século XVIII, construído em taipa de pilão e rodeado de verde. Localizado em um vale em Itu, interior paulista, sua paisagem é exuberante, com resquícios da Mata Atlântica à beira dos lagos. Em algumas horas, Zica encararia os mais bem-sucedidos empreendedores da história do capitalismo brasileiro: Jorge Paulo Lemann, Marcel Telles e Beto Sicupira. A perspectiva do encontro vinha tirando seu sono e apetite há algumas semanas. A data, um dia frio de inverno do ano de 2010, tinha chegado.

No quarto do hotel, Zica repassou pela vigésima vez a apresentação que faria para uma plateia seleta, composta pelo trio, suas mulheres e seus filhos. Há dias vinha treinando. Olhou-se no espelho e colocou o acessório que faltava: a peruca *black power*, comprada na Disney. Desde então, o adereço é guardado em uma caixa transparente de acrílico e recebe os mesmos cuidados que dispensa ao próprio cabelo.

Em questão de minutos, o nervosismo havia passado. Como a passagem bíblica de Sansão e Dalila, adaptada aos tempos modernos, a ex-babá, ex-faxineira e ex-empregada doméstica havia recuperado sua força invencível, abalada por alguns dias pela expectativa do encontro. Fechou a porta do quarto atrás de si e saiu confiante, ostentando o cabelão que remetia aos bailes do Renascença. Vestia calça jeans, tênis, blusa de seda amarela – uma das suas cores preferidas – e blazer branco. Usava uma maquiagem suave. Estava simples, mas preparada para brilhar.

Zica deu "bom-dia" em alto e bom som aos cerca de 20 convidados que a esperavam com sorriso no rosto. A narrativa começou com uma volta à infância. Aos nove anos, trabalhava como babá. Cuidava de uma menina de cinco anos. Babá, faxineira, empregada doméstica e passadeira foram alguns dos trabalhos que desempenhou até completar 33 anos. Quando se tornou empresária de sucesso, passou a fazer o contrário do que fizeram com ela, cuja carteira de trabalho continua em branco até hoje. Ainda no período de treinamento, a rede de cabeleireiros assina a carteira de trabalho de todas as novas funcionárias.

Os anos se passaram, mas seus olhos ainda ficam marejados quando se lembra dos velhos tempos. Os irmãos mais velhos ganhavam alguns trocados areando panelas para os moradores de classe média que viviam no entorno do Catrambi. Zica via seus irmãos trabalhando no quintal das casas e, ao final do trabalho, o dono jogava uma moeda como pagamento (as crianças eram impedidas de entrar nas casas). O barulho da moeda batendo no fundo da panela é inesquecível. A lembrança ainda a faz chorar.

Os herdeiros dos donos da Ambev ouviam o relato dos tempos em que Zica morava com os irmãos no casebre na favela. Ela falou também das ocasiões em que encarnou o papel de feirante. Em dias de sacolão volante – um caminhão de frutas, legumes e verduras que circulava por bairros carentes e favelas –, a menina desinibida costumava subir na boleia, assumir o microfone do motorista e anunciar aos vizinhos a chegada da feira. Lembrou-se das cenas de bullying que sofreu na escola por causa do cabelo armado e, por fim, do que a motivou a desenvolver uma fórmula química que tratasse seus fios crespos e fizesse seus cachos balançarem.

Enquanto a apresentação avançava, Zica percebia os olhares desconfiados que tomavam conta do ambiente – uma sala ampla, com pé-direito altíssimo, lareira, mesa de sinuca ao fundo e alguns conjuntos de estofados. Em silêncio, ela se divertia com a situação. Sabia o que se passava. Não era a primeira vez que surpreendia o auditório com seu visual *black power*. Se a empresa havia nascido de uma inovação para relaxar cabelos crespos, por que justamente os dela eram o oposto do que a marca oferecia? A distância entre o discurso e a prática se acentuava à medida que as imagens de clientes, antes e depois da aplicação do Super-Relaxante, eram projetadas no telão.

Quando se aproximava do final da palestra, Zica realizou o grande e inesperado gesto teatral: parou de falar de repente e arrancou a peruca. Com os cabelos soltos, sacudiu a cabeça e balançou os cachos bem hidratados e de contornos definidos, como em um comercial de televisão. A pequena plateia veio abaixo. A primeira reação foi de surpresa; a segunda, de admiração. Foi aplaudida de pé. Outras apresentações se seguiram. O hotel fora fechado pelo trio para a realização de um evento, o Family Day – uma tradição entre os Lemann, Telles e Sicupira. O objetivo é apresentar aos herdeiros histórias de sucesso e superação. Zica foi convidada para a reunião daquele ano, que contou também com a presença do ex-jogador de vôlei Bernardinho. Para além de mostrar aos herdeiros que existem muitas formas de empreender, o triunvirato estava interessado na ascensão dos consumidores da classe C. O relato vibrante de Zica os impressionou. Marcel Telles recorda:

O Beleza Natural é um negócio pequeno e bem-sucedido e, por isso, mais ao alcance dos nossos filhos do que os nossos negócios, que parecem enormes e inatingíveis. A empresa é a prova de que nichos e oportunidades existem em todos os lugares. A história de ascensão e a persistência de Zica são fantásticas e comuns a quase todos os empreendedores que sobrevivem. Gosto muito dos fanáticos, e ela personifica muito bem essa palavra.

Mesmo tendo o controle da situação, Zica não esquecia quem eram seus interlocutores. Tanto que tremeu ao perceber que uma pergunta seria dirigida a ela por Sicupira. Ele queria saber o que faltava para a empresa crescer. Sua resposta seria ouvida por pessoas que tinham feito fortuna justamente porque souberam dizer a coisa certa na hora certa. "Capital para investir", disparou, sem rodeios.

～

Zica perdeu a conta de quantas vezes foi obrigada a dormir com fome. Nessas ocasiões, sua mãe costumava acalmá-la avisando que a sensação passaria logo que o sono chegasse. Sendo a filha do meio de uma família de 13 irmãos, seu nascimento foi um divisor de águas para os pais. O irmão mais velho nasceu quando Dulce tinha 17 anos; a irmã caçula, quando sua mãe completava 40. Todos os irmãos que vieram depois de Zica foram poupados de privações. Os mais velhos começaram a trabalhar ainda crianças para ajudar nas despesas. O auxílio não impedia que sua mãe choramingasse muitas vezes à noite, quando a família já estava dormindo. Ela chorava de fome e de tristeza, por não ter o que dar aos filhos. Uma vizinha costumava socorrer com um prato de comida que Dulce jamais tocava. Ela dividia a refeição para os filhos e, quando questionada, respondia que não tinha fome. A filha bem-sucedida compensa o passado da família com fartas refeições em sua casa. "Sei o que passei e o que vivi. Já estive do outro lado", costuma dizer.

Em sua casa, a maquete da favela onde morava no Catrambi, esculpida em cerâmica, obriga a reviver a infância. As empregadas Ana Paula e Sueli e o motorista Ageu costumam almoçar na mesma mesa que Zica e sua família. Contar sua vida é motivo de orgulho. Ela acredita que, ao lembrar o passado, pode inspirar outras pessoas.

Por seu trabalho, ela foi eleita, em 2005, Empreendedora do Ano pela Ernst & Young. Dois anos depois, era apontada como a Mulher

Mais Influente do Brasil, na categoria Empreendedorismo, pelo *Jornal do Brasil* e pela *Gazeta Mercantil* (ambos já extintos). Foram prêmios e mais prêmios. Em 2012, recebeu da Editora Abril o Prêmio Claudia na categoria Negócios.

No ano em que a empresa completou duas décadas, Zica foi escolhida Empreendedora do Ano pelo *Estado de S. Paulo* e ingressou na lista das 10 Mulheres de Negócios Mais Poderosas do Brasil segundo a *Forbes*. O prêmio veio um ano depois de a empresa passar por um turbilhão, após a saída do primeiro e único executivo de mercado a presidir o Beleza Natural. No dia da premiação, Zica dividiu o palco com a então presidente da Petrobras, Graça Foster, e com a modelo Gisele Bündchen. A notícia deixou sua mãe orgulhosa, ainda que Dulce não tivesse noção do que significava qualquer um desses prêmios. Comemorou assim mesmo, dando um soco na mesa. A matriarca dos Assis costumava vibrar com as vitórias de Zica, dos outros filhos, dos 44 netos, dos 26 bisnetos e dos dois tataranetos.

Quando o Beleza Natural atingiu a velocidade de cruzeiro, em meados da década de 2000, convites para palestras, aulas inaugurais e entrevistas não tiveram mais fim. Elétrica e agitada, Zica temia cometer erros de português e tropeçar na concordância verbal. Com treino, dedicação e disciplina, aprendeu a falar em público e a dominar a plateia.

Com o pé na estrada

Foram dias pensando no assunto, até que Zica avisou que estava de malas prontas para Vitória, no Espírito Santo. A surpresa foi geral. Todos sabiam que era proibido transportar o Super-Relaxante por grandes distâncias. A razão era óbvia: segurança. Por uma década, a regra foi respeitada. Mas ela continha brechas e Zica as explorou. Foi um telefonema de uma cliente desconhecida que a fez acreditar que era hora de colocar o pé na estrada. Leila e Rogério foram chamados para uma conversa. Nenhum deles desconfiava do teor da reunião.

Zica contou a eles que uma certa Valdirene Pereira havia tentado por três vezes ser atendida no salão de Duque de Caxias e que, na terceira tentativa, desistira. Em todas as ocasiões, havia se deslocado para o Rio de Janeiro em companhia da irmã caçula, Geovânia. As duas saíam da capital capixaba nas noites de sexta-feira, de ônibus, e amanheciam na cidade. Do Terminal Novo Rio seguiam para o salão na Baixada Fluminense. Geovânia conhecera o Beleza Natural quando passou férias na cidade, na casa de uma prima.

A jovem, que tinha sofrido na infância com o apelido de "Bombril Enferrujado", por conta do cabelo crespo e ruivo, popularmente conhecido como sarará, encontrou sua turma ao conhecer o salão de Duque de Caxias. Até então, vivera frustração atrás de frustração na tentativa de alisar o cabelo. O Beleza Natural foi amor à primeira vista. Geovânia voltou para casa com os cabelos cacheados. Morena de pele e com olhos claros, fez sucesso. A irmã decidiu que passaria a frequentar o mesmo salão, ainda que fosse caro se deslocar de uma cidade a outra apenas para relaxar os cabelos.

Valdirene não teve a mesma sorte. Na primeira tentativa, foi informada de que a quantidade de química em seu cabelo tornava impossível atendê-la. Como o Super-Relaxante é incompatível com qualquer outro produto, teria de esperar três meses até que a raiz crescesse. Voltou triste para casa, mas seguiu as instruções.

Depois de quatro meses, Valdirene retornou ao salão. Estava grávida. Por questões de segurança, só podia ser atendida com apresentação de atestado médico. Com a barriga proeminente, voltou para casa e esqueceu o assunto. Os meses se passaram, a criança nasceu e, quando desmamou, Valdirene viajou novamente para o Rio de Janeiro. Pela terceira e última vez, voltou para casa sem ser atendida. Chegara tarde e a distribuição de senhas havia terminado. Foi por acaso que Zica ouviu a história ao atender um telefonema em Jacarepaguá, onde funciona o Centro de Desenvolvimento Técnico (CDT). Zica disse à interlocutora que trouxesse a irmã ao Rio. No dia marcado, as duas amanheceram em Jacarepaguá. Enquanto eram atendidas, foram surpreendidas pela visita inesperada da dona do salão. A empatia foi imediata. Conversa vai, conversa vem, as freguesas capixabas contaram que a demanda era enorme em Vitória, mas nem todas podiam viajar para tão longe apenas para cuidar do cabelo.

Em 2003, uma década depois de abrir o primeiro salão na Muda, Zica sabia que estava na hora de levar a marca para outros mercados. (Era comum ouvir sotaques do Espírito Santo, Minas Gerais e São Paulo nos salões do Rio.) Animada com o relato das capixabas, Zica disse que iria a Vitória se fosse possível reunir 30 clientes num único dia.

O interesse de mulheres de outros estados era um estímulo para se levar a marca para outras praças. A franquia era uma das alternativas.

Leila decidiu estudar o assunto. Ingressou na Universidade da Franquia, em São Paulo, e aproveitou a proximidade com professores do MIT para aprofundar o tema. O temor era que lojas franqueadas contaminassem a reputação da rede. Rogério lembra bem daquele momento. Não fosse o compromisso firmado entre Zica e suas clientes capixabas, talvez a abertura de salões fora do Rio tivesse início em Juiz de Fora, e não em Vitória. Ele faz autocrítica:

Se fosse possível voltar no tempo, o ideal era que tivéssemos chegado a Vitória de uma forma mais estruturada, como veio a ocorrer em Minas Gerais e em São Paulo. Somos empreendedores, mas, com o tempo, as tomadas de decisão ficaram mais racionais e menos emocionais.

Leila e Rogério cederam às pressões da sócia por improvisar um salão em Vitória. Zica avisou a Dedê e Cida que as três viajariam para a capital capixaba. Na bagagem, frascos do Super-Relaxante e potes de creme de pentear. Chegaram a Vitória às 6h da manhã de um domingo. Geovânia foi buscá-las na rodoviária. Avisou que havia alugado um salão de fundo de quintal na comunidade onde morava – um imóvel ainda menor que o da Muda. O endereço funcionava em uma quitinete, mas tinha tudo de que Zica e suas companheiras precisavam: lavatórios e espelho.

A essa altura, Zica já era uma mulher rica e dona de um negócio que faturava cerca de 11 milhões de reais por ano. Confirmando a fama de não ter nariz em pé, calçou um par de tênis e arregaçou as mangas. Trabalhou como nos velhos tempos, um cabelo atrás do outro. A única interrupção foi quando as três foram convidadas a almoçar na casa da mãe de Geovânia, Valdete ("Dedete", para Zica).

Com sua capacidade de farejar clientes à distância, Zica ficou animada com o diálogo travado entre a dona da casa e um vizinho. Ao saber que Dedete estava alugando uma casa, na mesma localidade, por 200 reais mensais, avisou que gostaria de ficar com o imóvel. Antes de voltar para casa, combinou as condições com a locatária e comunicou que retornaria de mala e cuia para instalar a primeira filial do Beleza Natural fora do Rio de Janeiro. A precariedade da estrutura que viria a ser montada em Vitória destoaria completamente das últimas lojas inauguradas no Rio.

~

A excitação foi tão grande que, mesmo cansada, Zica não conseguiu pregar os olhos no ônibus de volta para casa. Passou a viagem pensando em como comunicar aos sócios a decisão que acabara de tomar. No dia seguinte, chamou Leila e Rogério para uma reunião. Zica contou em detalhes o entra e sai no minissalão improvisado, falou sobre o interesse das clientes e comentou sobre a pressão para que voltassem outras vezes. Os sócios ouviram e nada disseram. Afinal, a promessa às irmãs estava cumprida. Quando Leila e Rogério imaginaram que o assunto estava encerrado, Zica avisou que tinha alugado uma "casinha" em Vitória para abrigar a filial. Os dois reagiram mal. Zica tentou argumentar: "Gente, pelo amor de Deus, tem cliente lá. Eu vi! Tem muita cliente." Foram horas de discussão. Não adiantava contra-argumentar. A teimosia que a impulsionara a perseguir por uma década uma fórmula química voltou em grande estilo.

Chegou-se a um impasse. A convivência havia ensinado a Leila e Rogério que a impulsividade da sócia era, por vezes, incontrolável. O salão não teria a mesma estrutura das lojas do Rio, o que os preocupava. Rogério impôs então uma condição: "Vou te dizer uma coisa, minha irmã. Você quer ir, você vai, mas em um ano esse salão tem que dar lucro." Se a meta não fosse batida, avisou, a experiência em Vitória seria abortada. O prazo era inegociável. Zica aceitou.

Avessa ao desperdício, como havia aprendido com sua mãe, que, motivada pela pobreza extrema, ensinara os filhos a não jogar nada fora, Zica lançou mão do mobiliário antigo, guardado no salão de Jacarepaguá. Bosco, motorista do caminhão que prestava serviço à empresa, foi acionado. No dia marcado, lá foi ele estrada afora na companhia da empresária e de Dedê.

A viagem deixou boas lembranças. "Os caminhoneiros passavam e buzinavam para a gente", lembra Dedê. Em Vitória, Zica ajudou a descarregar o caminhão, lotado com lavatórios, cadeiras e mesinhas. Ralhava se alguém fizesse corpo mole. Subia e descia as ladeiras da favela com os móveis na cabeça. O que não faltava era disposição física. Ela fazia musculação praticamente todos os dias. Estava no esplendor dos seus 43 anos: em forma, bonita, rica e famosa.

Zica deslocava-se uma vez por mês a Vitória na companhia de Dedê e Cida. O salão era uma réplica do da Muda: simples e pequeno, o espaço de uma sala e um quarto. O trio dormia por lá, em colchonetes. Não podia desperdiçar, porque precisava prestar contas aos sócios.

No dia seguinte ao da chegada da viagem, acordaram às 5h para arrumar o espaço. Quando a primeira cliente apareceu, já estavam impecavelmente vestidas e penteadas. Como o salão era no pé do morro, as moradoras passavam necessariamente pela porta do Beleza Natural. Com o tempo, a clientela foi crescendo e o boca a boca, idem. Geovânia virou uma espécie de gerente do salão, organizando o atendimento pré-agendado. Em poucos meses, havia fila na porta. Geovânia conta que as clientes levavam cadeiras de praia e acampavam no salão. Algumas, que não tinham conseguido agendar um horário, chegavam antes do amanhecer na esperança de ser atendidas.

O negócio em Vitória crescia, mas Leila e Rogério nem queriam saber da operação. De vez em quando, seu irmão lembrava que o prazo estava se esgotando. Faltando alguns meses para a data expirar, Zica comunicou que a meta havia sido batida. Os dois nada comentaram, nem sequer a parabenizaram. A sócia deu de ombros, mas ficou triste por terem menosprezado o bom desempenho da loja. Como negócio é negócio e a próxima viagem já estava marcada, pegou novamente a estrada e foi em frente. Jair preferia não se meter na briga. Sabia que os dois lados tinham razão. A mulher errara ao tomar uma decisão unilateral, ainda que o salão fosse um sucesso. Leila e Rogério também estavam certos. Afinal, Zica havia desconsiderado a argumentação dos sócios.

O fim de semana estava pesado. A fila começou cedo. Zica e as cabeleireiras não descansaram um minuto. Dedete já estava cansada de chamá-las para almoçar. A comida ficaria fria. Quando Zica finalmente saiu para almoçar, a campainha tocou no imóvel ao lado, onde funcionava o salão.

Dedete foi atender. Ao voltar, estava acompanhada de Leila e Rogério. Ao vê-los, Zica caiu no choro. A viagem fora planejada em segredo. Queriam conhecer a operação capixaba ao vivo e em cores. Os três se abraçaram.

A experiência criou a certeza de que a demanda fora do Rio de Janeiro era grande e não podia ser desperdiçada.

Um ano depois, em agosto de 2004, Vitória ganhava o primeiro salão de verdade, embora ainda fora dos moldes dos cariocas. O treinamento das cabeleireiras foi no Rio de Janeiro, no instituto de Jacarepaguá. A empresa alugou um apartamento na vizinhança, onde as funcionárias capixabas ficaram hospedadas até concluir o curso de formação. Hoje o salão de Vitória ostenta um dos melhores desempenhos financeiros da rede por ter uma infraestrutura enxuta.

De olho na alta tecnologia

Uma década depois de inaugurar o primeiro salão na Muda, os sócios esvaziaram os cofres para abrir uma fábrica própria, a Cor Brasil. Até então, os produtos da marca – com exceção do Super-Relaxante – eram produzidos na Natusfaber, pequeno fabricante do subúrbio carioca. A parceria não vinha dando certo. Os sócios estavam insatisfeitos com a qualidade do serviço e o prazo de entrega dos produtos. Faltavam proteínas e nutrientes à fórmula. A instabilidade da política de preços também incomodava, já que não tomava por base fatores externos que justificassem frequentes reajustes.

Praticamente todo o equipamento da Cor Brasil era de segunda mão. Os sócios não tinham recursos para comprar tanques e misturadores novos. Coube ao torneiro mecânico Eucélio Masseran, dono de uma pequena oficina de fundo de quintal em Cascadura, Zona Norte do Rio, adaptar os tanques, que continuam em operação até hoje.

O pouco dinheiro que tinham foi investido em um único equipamento, que sequer era exigido na indústria de cosméticos: um purificador de água que custava o preço de um carro de luxo. A Cor Brasil seria uma das poucas empresas do setor de cosméticos a usar osmose reversa no processo produtivo – exigência feita, à época, apenas às empresas do setor farmacêutico. O sistema é composto por um conjunto de filtros semipermeáveis enrolados em forma de espiral que retêm até 99% das impurezas da água. "Foi uma enorme ousadia", comenta o consultor José de Souza Villa, que assessorou o Beleza Natural na instalação da fábrica.

Como a água é a principal matéria-prima da indústria de cosméticos, os sócios temiam lançar mão de um insumo de baixa qualidade que viesse a estragar toda a linha de produtos. Nos xampus, por exemplo, a água tem um peso de 70% na composição. Os grandes fabricantes do setor usavam desionizadores para destilar a água, o que garantia um insumo quase puro. Com o tempo, o Beleza Natural também instalou desionizadores, dado que a qualidade da água oriunda do rio Guandu – responsável pelo abastecimento da capital fluminense e de mais um conjunto de municípios do Rio de Janeiro – piorava, sobrecarregando as membranas responsáveis pela osmose reversa. Atualmente, a produção alcança 310 toneladas/mês.

A fábrica, já pronta, ficou fechada por mais de um ano até que a Vigilância Sanitária do Rio de Janeiro liberasse os documentos para seu funcionamento. Sem os tais papéis do órgão estadual era impossível ligar as máquinas. A demora foi tanta que, no meio do caminho, houve uma mudança na legislação e o Beleza Natural foi obrigado a reformar as instalações. Pela antiga recomendação, era permitido o uso de azulejos na fábrica. Após a mudança, só se admitia a pintura epóxi nas paredes. Quando a planta foi inaugurada, em junho de 2004, não havia razão para festa. "Gastamos tudo o que não tínhamos", admite Leila.

~

Até meados de 2014, nenhuma das clientes do Beleza Natural sabia qual era seu tipo de cabelo, ainda que percebesse a variedade de estilos de cachos até mesmo na própria família. Leila se lançou a desvendar o mistério. Os seus, por exemplo, são completamente diferentes dos de Zica. Uma pergunta martelava sua cabeça: "Como explicar que um cabelo responde ao tratamento do Super-Relaxante de maneira completamente diversa de outro?"

Leila tinha ouvido falar de uma empresa incubada no campus da Universidade de Brasília (UNB): a Nanodynamics Consultoria em Inovação. Seus sócios eram Luis Alexandre Muehlmann e João Paulo Longo. O primeiro contato ocorreu em 2010. Depois de três anos de pesquisas, estava concluído o primeiro estudo brasileiro sobre cachos. O trabalho foi publicado no *International Journal of Cosmetic Science*, editado pela Sociedade Francesa de Cosmetologia.

A dupla mergulhou na literatura nacional e internacional sobre cabelo, enquanto Rafaela Gomes, gerente de marketing de produto da empresa, e sua equipe recolhiam mechas de cachos nos salões. "Bastava chegar numa loja para o pessoal fugir de mim. Sabiam que eu pediria para cortar uma mecha", lembra Rafaela, que ainda assim reuniu 300 amostras.

O único documento até então publicado sobre a diversidade morfológica do cabelo era assinado por uma equipe de pesquisadores da L'Oréal, liderados por Roland de la Mettrie, que trabalhou em parceria com o antropólogo Andre Langaney, do Museu Nacional de História Natural de Paris e professor do Departamento de Antropologia da Universidade de Genebra, Suíça. O estudo data de 2007 e apresenta amostras de cabelos de 1.442 voluntários de 18 países, inclusive do Brasil. A convocação para a pesquisa foi feita pelos jornais do mundo todo e foram recrutados homens e mulheres entre 18 e 35 anos. O estudo revelou que o Brasil é o país mais diverso em termos de cabelo e o único onde se encontram os oito tipos identificados.

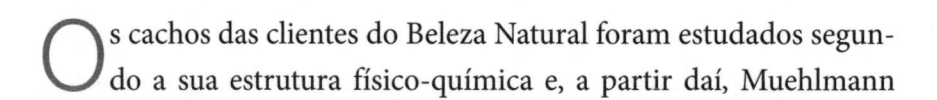

~

Os cachos das clientes do Beleza Natural foram estudados segundo a sua estrutura físico-química e, a partir daí, Muehlmann e Longo desenvolveram nanoestruturas para os diferentes tipos de cachos. Coube à área de marketing classificá-los e nomeá-los, após promover painéis consultivos com clientes. Eles foram agrupados em quatro tipos. Os cachos vibrantes são frisados e mistos, além de apresentar fios grossos perto da raiz que se afinam à medida que se distanciam do couro cabeludo. Os intensos são formados por anéis fechados e pequenos e seu formato lembra uma haste, o que dificulta a distribuição do óleo por todo o cabelo. Os soltos têm anéis médios e são mais finos em ponto de torção. E, por fim, os suaves apresentam estrutura oval, com fios em forma de "S", espessura mais resistente e cutículas fechadas.

Zica tem cachos intensos, enquanto os de Leila são soltos. Assim nascia a linha bn.Cachos, que chegou ao mercado em dezembro de 2013 e foi a primeira a utilizar nanotecnologia na composição. A inovação fez a empresa ganhar o prêmio "Pulo do Gato" da Endeavor nesse ano.

À medida que a qualidade dos produtos melhora – como a eliminação, na fórmula, de parabenos, substância considerada prejudicial à saúde humana –, o custo de produção aumenta e impacta o preço final. A empresa segue um modelo matemático para a composição de preços, que inclui indicadores como inflação, variação do dólar – alguns componentes são importados – e custo da mão de obra. A alternativa para não ficar refém dessa lógica de mercado é ampliar a produção para diluir o investimento. Os preços praticados são mais caros que a média do mercado e mais baratos que os dos produtos *premium*.

Os sócios estão convencidos de que a classificação dos cachos ajuda a cliente a entender que a estrutura do seu fio de cabelo não pode ser modificada – pelo menos por enquanto. É possível tratar os cabelos, mas não alterar seu DNA. Quem tem cachos intensos, como Zica, jamais sairá do salão com cachos soltos, como os de Leila. E vice-versa.

Para facilitar a vida das clientes, a empresa produziu uma mandala

– disponível nos salões e no site – que ajuda a identificar a melhor linha de produtos para cada tipo de cabelo: poroso, sem brilho, arrepiado, volumoso, fraco ou quebradiço.

~

A Modo Design havia vencido uma concorrência para redesenhar as embalagens de toda a linha de produtos do Beleza Natural. Propôs um trabalho extenso, que levou três anos para ficar pronto. A conclusão coincidiu com o lançamento da linha bn.Cachos, pioneira na incorporação de um design desenvolvido especialmente para as clientes da rede. À frente do projeto, Adriana Calderoni pesquisou por um ano os hábitos da classe C. Ela visitou casas de clientes e chegou a conclusões que balizaram as novas embalagens.

Uma delas: o banheiro da casa das clientes é pequeno. Às vezes, não sobra espaço para guardar xampu e condicionador no armário. Eles ficam então na janela basculante, que não é uma superfície reta. Por isso, a opção foi desenvolver uma embalagem com base mais estável para evitar quedas. A tampa também precisa ser larga, porque é prática recorrente virar a embalagem ao contrário quando o produto está acabando.

Outra característica importante e que não pode ser desconsiderada: muitas clientes lavam os cabelos no tanque. Como a posição dificulta visualizar xampu e condicionador, a saída foi desenvolver embalagens capazes de ser identificadas pelo tato.

Essas embalagens foram milimetricamente pensadas, assim como sua linguagem visual – cores claras, por exemplo, foram descartadas, porque estão associadas a produtos para mulheres de cabelo liso. E, ao contrário de uma tendência dominante nesse mercado, os produtos da rede usam e abusam de imagens de mulheres. Todas são ou clientes, ou colaboradoras. O objetivo é mostrar que o cacho está ao alcance de qualquer mulher.

Da classe C à elite empresarial

A economista Paloma Lambranho era voluntária da Endeavor. À mesa de jantar, tinha por hábito narrar para o marido, Fersen Lambranho, histórias de empreendedores que acabara de conhecer. Num desses jantares, mencionou duas sócias que havia entrevistado. Comentou que ficara impressionada com a história de uma certa Zica. A simples alusão àquele nome deixou suas empregadas alvoroçadas. Elas contaram para o patrão que também conheciam a moça que criou o Super-Relaxante e que já haviam ido ao salão de Duque de Caxias. Mais do que clientes, falavam como fãs. Eram três maranhenses morando na capital paulista que, se não fosse pela distância de 412 quilômetros, frequentariam o Beleza Natural todos os meses.

Fersen ficou curioso com a fama de um salão de cabeleireiro carioca, do qual até então nunca ouvira falar, que fazia tanto sucesso entre mulheres da classe C (especialmente as negras) e já constava do portfólio da Endeavor.

A empresa surgira no mesmo ano em que o trio Lemann, Telles e Sicupira lançava a GP Investimentos, primeiro fundo de *private equity* do Brasil. Depois de 13 anos nas Lojas Americanas – inclusive como presidente –, Fersen ingressou na GP. Um ano depois, em 1999, tornou-se diretor. Mais quatro anos e liderou a compra do controle do fundo, ao lado de Antonio Bonchristiano. Quando conheceu os sócios do Beleza Natural, já tinha, portanto, simpatia pelo negócio. O marido de Paloma constava da lista de contatos disponibilizados pela Endeavor para orientar os novos empreendedores. O aconselhamento gratuito era oferecido por executivos de grandes empresas e de bancos, consultores renomados, escritórios de advocacia experientes e publicitários consagrados, sem falar dos contatos internacionais.

Fersen foi um dos primeiros a ser procurado. O executivo passou a atuar como mentor financeiro do quarteto, especialmente de Leila. Ela costumava procurá-lo para tirar dúvidas, ouvir conselhos, falar de suas inseguranças. Fersen se impressionou desde os primeiros encontros:

Eles são trabalhadores e muito dedicados. Conforme fomos nos conhecendo, conversei sobre a necessidade de não aceitarem auxílio, em nenhuma hipótese, de pessoas interessadas em ajudá-los apenas para dizer que são próximas de uma empresa afrodescendente no Brasil. Sempre falei para eles: o Beleza Natural é muito mais do que isso.

Uma das razões do entusiasmo do empresário está na complementaridade entre Zica e Leila. Elas reproduzem uma receita já consagrada no mundo empresarial. Empresas de sucesso costumam reunir dois elementos: um que identifica oportunidades, outro que as transforma em realidade. Walt Disney, Sam Walton e Steve Jobs foram visionários, mas quem cuidava do dia a dia nos primórdios de Walt Disney, Walmart e Apple eram Roy Disney, Bud Walton e Steve Wozniak. Walt Disney chegou a admitir, certa vez, que teria quebrado se não fosse o irmão mais velho: "Nós começamos o negócio em 1923 e, se não fosse pelo meu irmão, eu teria sido preso várias vezes por emitir cheques sem fundos. Eu nunca sabia o que tinha no banco." Foi essa complementaridade que Fersen enxergou. Zica desenvolveu um piano que ninguém havia tocado até que Leila se encarregou de afiná-lo e produzir solos que ninguém havia imaginado para o instrumento que tinham em mãos.

~

A chancela da Endeavor fez o Beleza Natural mudar de patamar. A primeira alteração foi visual. O publicitário Sidney Pacheco, da agência Orkestra, estilizou um cacho, transformou-o em ícone de marca e criou um slogan: "Seu cabelo naturalmente solto." Leila havia conhecido Pacheco no Empretec, curso da ONU sobre empreendedorismo ministrado no Brasil pelo Sebrae. A intenção era comunicar a nova personalidade da marca.

Os planos de crescimento começavam a ser delineados. Mexer na aparência, como fizera o publicitário, era apenas uma das transformações. Seria preciso também mudar a essência da rede de cabeleireiros. O Beleza Natural ganhou um conselho administrativo, fórum indispensável em qualquer empresa. Dois conselheiros foram empossados: Edmour Saiani, da empresa de consultoria Ponto de Referência, e Paulo Novis, então diretor das Organizações Globo.

À frente de uma empresa especializada na construção de uma cultura do serviço, Saiani identificou características que fazem do negócio de Zica, Leila, Rogério e Jair um ponto fora da curva:

É uma empresa valiosa, porque o cliente quer comprar; organizada, porque consegue entregar; e rara e inimitável, porque os sócios implantaram uma cultura empresarial para mexer com a baixa autoestima das clientes, e não apenas vender tratamento de cabelo. Empresas com a cultura do serviço e de atender tendem a crescer até 10 vezes mais rapidamente do que aquelas que praticam o capitalismo selvagem.

A cultura do serviço tem na americana Zappos sua melhor tradução. Seu principal executivo, Tony Hsieh, ficou conhecido por iniciativas nada ortodoxas. Investiu US$ 350 milhões do próprio bolso em um novo escritório e ofereceu dinheiro aos funcionários em período de experiência para que deixassem a companhia. A ideia foi testar o grau de fidelidade dos colaboradores. Com seu jeito pouco convencional de gestão, decidiu abolir a função de chefe na rede.

Os números comprovam a tese de Saiani de que empresas que comungam da cultura do serviço – disseminada pela Zappos – crescem rapidamente. Nos três primeiros anos de vida, a taxa de crescimento do Beleza Natural oscilou entre 146% e 196%. A partir de 1997, o índice médio caiu para 30%, ainda expressivo para qualquer negócio.

A mudança seguinte foi arrumar a casa do ponto de vista financeiro, necessidade de 10 entre 10 empresas de pequeno porte. O administrador Allan Grosmann, junto com outros voluntários da Endeavor, foi acionado para contratar um gerente financeiro – o primeiro profissional de mercado numa empresa até então administrada pelos sócios-fundadores.

Ao entrar em contato com Zica, Leila, Rogério e Jair, foi tão seduzido quanto Fersen e Saiani. Ficou interessado em assumir ele mesmo o cargo, mas reprimiu o desejo diante do conflito de interesses. Desde então, passou a acompanhar o desempenho do Beleza Natural, à época em perfeita sintonia com o cenário macroeconômico. O país ia muito bem, a empresa também. Com o real valorizado e a inflação sob controle, a classe C gastava mais. Em 2005, a empresa faturou 19 milhões de reais, atendendo a 265 mil mulheres em seus cinco salões.

Com o visual repaginado, um conselho administrativo para apresentar ao mercado e prestes a contratar um gerente financeiro, o Beleza Natural viu 2005 chegar ao fim como um ano bem-sucedido.

Antes de disputar o rigoroso processo seletivo da Endeavor, Leila havia participado do Empretec. Lá conheceu profissionais que foram trabalhar a seu lado. Sidney Pacheco, já citado, foi um deles. Jaqueline Lopes e Daniela Oliveira também se somaram à equipe, respectivamente como diretora de Marketing e gerente de Comunicação.

A entrada na Endeavor conferiu a visibilidade tão almejada. "Até então éramos identificados como uma empresa de subúrbio e voltada para a classe média baixa", lembra Leila. Ao ingressar no seleto rol das empresas Endeavor, o Beleza Natural ganhou as páginas da revista *Veja*. A última barreira para aproximá-los de grandes formadores de opinião estava definitivamente derrubada, o que facilitou a interlocução com um novo universo, além dos tradicionais colaboradores, clientes e fornecedores.

Até internacionalmente a empresa passava a chamar atenção. Leila foi indicada para um curso de especialização na Harvard Business School – uma das melhores escolas de negócios do mundo. Foi o primeiro de uma série de títulos e diplomas. O curso era um misto de aulas presenciais e à distância e coincidiu com um período em que já se pensava num processo de expansão mais acelerado. A franquia entrou no radar do quarteto no mesmo período em que Zica decidiu levar a marca para Vitória.

Quando a agenda de Harvard permitia, Leila viajava para São Paulo. Ela conheceu Marcelo Cherto como mentor da Endeavor e, a seu convite, passou a frequentar a Universidade da Franquia que ele dirigia. Cherto enxergou nos sócios semelhança com o empreendedor americano Charles Revson. Logo após a Grande Depressão, Charles, seu irmão Joseph e o químico Charles Lachman lançaram a Revlon nos Estados Unidos. O empreendedor cunhou uma frase que entrou para os anais da arte dos negócios: "Na fábrica, fazemos cosméticos; na loja, vendemos esperança." A analogia com o Beleza Natural é inevitável. Os sócios continuavam encantando clientes, acadêmicos, empresários e executivos. Assim como Fersen, Saiani e Grosmann, Cherto também entrou para a lista dos admiradores do Beleza Natural:

A maior dificuldade de lidar com o público do Beleza Natural é fazê--lo se sentir em casa: ter um ambiente luxuoso que, ao mesmo tempo, não iniba a pessoa a ponto de ela se sentir envergonhada de entrar. Os sócios conseguiram fazer isso criando um salão bonito, digno e elegante. E ainda perceberam que o negócio ia além do cabelo.

À época, a franquia parecia o melhor caminho para potencializar o crescimento. O assédio era grande. Choviam telefonemas de interessados em abrir filiais no Rio de Janeiro e em outros estados.

O Beleza Natural recebeu nesse momento de efervescência a visita de alunos da escola de administração do Instituto de Tecnologia de Massachusetts (MIT, na sigla em inglês). Por lá, produzem-se há décadas algumas das mais importantes inovações no mundo empresarial. A consultoria da instituição durou três semanas e ocorreu em meados de 2006. O crescimento via franquia esteve entre os temas abordados pela equipe comandada pelo professor Richard Locke. Chegaram à conclusão de que a franquia não era a melhor alternativa. Seguro mesmo, concluíram os alunos de Locke, era adotar uma solução que combinasse lojas próprias com franqueadas. Apontaram como um dos maiores riscos o fato de a empresa estar sujeita a perder o controle sobre um modelo de negócio ainda em fase de consolidação. Os sócios acataram parcialmente a sugestão. Ficaram apenas com as lojas próprias. O projeto de franquia foi engavetado.

~

Profundo conhecedor do mundo das pequenas empresas, Locke foi apresentado a Zica e Leila logo após a empresa ser aprovada na Endeavor. Bastou tomar conhecimento da trajetória de ambas para convidá-las a apresentar o Beleza Natural a seus alunos do MIT. Como a turma era composta por pessoas de diferentes nacionalidades, Leila falou em inglês e Zica, em português. O impacto foi o mesmo nas duas línguas. "Foi um sucesso", lembra Locke. O professor é um entusiasta do modelo de negócio da marca:

> O Beleza Natural mostra que desafios locais criam vantagens competitivas e, às vezes, essas vantagens viabilizam o surgimento de uma empresa com enorme potencial de se tornar um modelo global.

Seu diagnóstico sobre a internacionalização da rede reforçou a ideia sugerida aos sócios pela primeira vez por Emílio Odebrecht – um dos avaliadores nacionais da banca da Endeavor.

Assim como 2005, o ano de 2006 foi excelente do ponto de vista financeiro: cerca de 32 milhões de reais entraram no caixa e 388 mil mulheres foram atendidas nos seis salões. Nesse ano, o *Globo Repórter* levou a história de Zica para a telinha. Ela se tornou conhecida no país inteiro. Após o programa, foram tantos acessos ao site que a plataforma do Beleza Natural saiu do ar. A empresária passou a dar autógrafos na rua. Ao participar de uma feira de cosméticos em Palmas, Tocantins, precisou ser escoltada na saída do hotel, onde uma multidão a esperava. Tentaram cortar uma mecha de seu cabelo como relíquia. Não acreditavam que aqueles cachos eram naturais. "Fiquei assustada", confessa Zica.

O ano havia começado com a abertura de uma nova unidade: em Campo Grande, bairro da Zona Oeste do Rio. Estatísticas do IBGE indicavam que a localidade registrava a maior concentração de mulheres pardas e negras do estado. A empolgação de chegar ao bairro foi atrapalhada por problemas nos dias que antecederam a inauguração. Desde 2004, nenhuma loja era aberta. Campo Grande foi o símbolo da cautela dos sócios ao priorizar a racionalidade econômica e financeira em detrimento do crescimento fácil e instintivo. O Beleza Natural já esboçava um plano de negócios e passava a dispor de um instrumental teórico do qual a Endeavor certamente era parte.

A loja de Campo Grande era complexa. O empreiteiro não conseguia cumprir o prazo acordado. A data de inauguração se aproximava. Rogério avisou que seria preciso trabalhar três dias e três noites sem descanso. Uma virada de 72 horas. Alguns operários abandonaram o serviço e se recusaram a continuar a obra naquelas condições. O desespero tomou conta dos sócios. Se a loja não ficasse pronta a tempo, contornar o problema que viria a seguir seria ainda mais complicado – as filas costumam ser imensas nos dias de inauguração de um novo instituto.

Zica e Rogério mudaram-se para o salão. Por três dias, dormiram no canteiro de obras, para perplexidade dos rebelados. Passavam o dia na obra, almoçavam sentados no chão com os operários – comiam com colher, porque não tinham garfo – e, à noite, dormiam no salão sobre pedaços de papelão. O desprendimento dos sócios amoleceu o ímpeto dos grevistas, que suspenderam o movimento e voltaram ao trabalho.

Minutos antes de o salão abrir as portas, a entrada da loja ainda era varrida por executivos da empresa.

Os anos Talbot

Allan Grosmann e outros voluntários da Endeavor selecionaram cinco currículos para o cargo de gerente financeiro. Alguns critérios foram definidos: não bastava possuir um diploma de universidade renomada ou ter trabalhado em grandes empresas. O profissional precisava ter "jogo de cintura" para entender a trajetória do Beleza Natural, a particularidade do negócio, a limitação financeira do cliente, o compromisso de vender autoestima e a história dos sócios.

Enquanto avaliavam os candidatos, receberam a informação de que um dos mentores do Beleza Natural havia sugerido o nome de Anthony Talbot. O indicado havia trabalhado com Paulo Novis nas Organizações Globo e, por sua trajetória, parecia mais talhado a preencher o cargo de diretor-geral do que de gerente financeiro. Se a proposta fosse aceita, os sócios se afastariam das funções executivas e se recolheriam ao conselho administrativo. A sugestão foi recebida com entusiasmo pelo quarteto. Era a primeira vez que teriam a possibilidade de usufruir do negócio criado 14 anos antes e do dinheiro que começavam a ganhar.

Grosmann não gostou de saber que os sócios haviam desistido de contratar um gerente financeiro e optado por um diretor-geral. Entendia que um processo de profissionalização requer longo planejamento, sobretudo em uma empresa familiar e de pequeno porte. Apesar de discordar da estratégia, achou melhor não opinar. Podiam achar que legislava em causa própria. Fersen também considerou prematuro o afastamento dos sócios do dia a dia do negócio.

A chegada de Talbot coincidiu com o fim do casamento de 19 anos de Leila e Rogério – ambos estão hoje na segunda união. O casal se esforçou para impedir que as brigas conjugais contaminassem a operação no momento em que um "estranho" chegava para dirigir os negócios. "Passamos por muitas crises, mas nos trancávamos, discutíamos a relação e ninguém ficava sabendo", conta Rogério. A notícia não vazou e a separação não interferiu na empresa.

A gestão de Talbot teve início em novembro de 2006. Ao assumir o comando, o projeto era que tivesse início um processo lento e gradual de desapego por parte de Zica, Leila, Rogério e Jair – dos quatro, o único que nunca escondeu não ter gostado da ideia. "O Talbot vivia dizendo que o Beleza Natural era uma máquina de fazer dinheiro", lembra Jair, que não aprovava a forma como o executivo se referia à empresa.

Enquanto o diretor-geral assumia, os sócios trilhavam seus próprios caminhos. Leila aproveitou para mergulhar nos estudos. Iniciou um MBA no Coppead – concluído em 2008. Por essa época, a história do Beleza Natural já era contada em diversas universidades fora do país. Dois anos depois frequentou a Universidade de Columbia, Estados Unidos, onde fez um curso sobre empreendedorismo na América Latina. Um de seus professores, Nelson Fraiman, considera a ex-aluna uma verdadeira discípula do americano William E. Deming, mestre do gerenciamento da qualidade. Sobre a passagem dela pela universidade, Fraiman resume:

O Beleza Natural era uma das 17 empresas do programa ECLA no período de 2010-2011. Tínhamos representantes de seis países da Amé-

rica Latina. O desempenho da rede estava no terço superior. Um dos seus pontos fortes é a combinação entre o conhecimento técnico fornecido por Zica e os atributos de liderança de Leila.

No final de 2008, Leila foi convidada a apresentar a empresa no Endeavor Gala – o encontro mais importante da ONG, em Nova York – a doadores da nata da sociedade americana. Confirmando a regra de que não costuma perder oportunidades, aproveitou o evento para pavimentar o terreno da internacionalização. Os contatos do meio acadêmico e os que conquistara desde que fora selecionada para a Endeavor se revelariam decisivos para enfrentar o que estava por vir.

Enquanto Leila tecia uma rede de proteção no exterior, Rogério aproveitava para conhecer o Brasil. Ficava poucos dias no Rio e logo viajava em busca de locais para expandir a rede. Apesar de distante do dia a dia do negócio, o quarteto não descuidava da operação. A obstinação pelo aumento da produtividade os levou a conquistar mais uma vitória: ao mudar a fórmula do produto, reduziram em 20 minutos o tempo de aplicação do Super-Relaxante. A linha de produção nos salões ficava ainda mais azeitada.

Talbot tocava o negócio a seu modo e tirava proveito do momento de valorização da mulher negra e de ostentação dos cabelos crespos e ondulados. A novela *Viver a vida*, de Manoel Carlos, proporcionou um impulso ainda maior. A trama levou uma protagonista negra para o horário nobre: a atriz Taís Araújo. Sua personagem, Helena, era uma modelo de renome internacional, bonita, rica, glamourosa e cacheada. Ao final de cada capítulo, pessoas eram convidadas a dar depoimentos. Zica foi uma delas. A personagem Helena virou um padrão a ser seguido pelas frequentadoras do Beleza Natural. A repercussão foi tanta que a empresa decidiu estruturar as caravanas que vinham ao Rio para fazer o cabelo – até então realizadas de forma autônoma pelas clientes.

Mais ou menos nessa época, um grupo de alunos de Stanford veio ao Rio conhecer o instituto e participar de um dos eventos da empresa: o Mama Zica – um dia de pizza nos salões da rede. Um dos alunos acabou publicando um livro, onde contou sua experiência no Beleza Natural, quando foi convidado a dançar funk e outros ritmos com funcionárias e sócias.

~

Quando Talbot assumiu, a estrutura corporativa contabilizava em torno de 20 funcionários. Executivos do mercado foram contratados, como Zilda Barreto, que trabalhara 25 anos na Mesbla e sete anos na Leader Magazine. Ela fora indicada por Edmour Saiani, um dos conselheiros, e virou superintendente de Operações. Ana Claudia Venturini foi contratada para a área de Recursos Humanos. Como a ordem era crescer exponencialmente e a meta era ousada – abrir cerca de 40 novos salões até 2013 –, o diretor-geral precisava de gerentes competentes.

Talbot sabia que precisava de recursos financeiros para viabilizar a expansão. Chegou a contratar um *advisor*, Carlos Parcias, e a conversar com bancos de investimentos, como BTG Pactual, Gávea e Pátria. As negociações não avançaram – o Beleza Natural ainda não estava preparado para receber um sócio capitalista.

A expansão foi projetada com base no potencial de consumo da classe C, com previsão de abertura de lojas em São Paulo, Bahia, Espírito Santo, Minas Gerais, Pernambuco, Ceará, Paraíba e Distrito Federal. A empresa deixaria de ser eminentemente carioca para se tornar nacional.

Talbot inaugurou cinco novos salões em sua gestão, todos grandiosos e caríssimos. Dois deles foram emblemáticos: um em Ipanema, em dezembro de 2007 – ano em que os sócios implantaram o primeiro programa de gestão de qualidade com assessoria da Endeavor –, e outro em Salvador, em janeiro de 2010. Não havia limite de recursos para investir nos salões. Nem mesmo parâmetros de tamanho para as lojas a serem inauguradas. Sem imóveis e sem capacidade de oferecer garantias aos bancos, o dinheiro saía exclusivamente do caixa do Beleza Natural.

A presença em Ipanema, bairro onde Leila fora criada, permitia atender à clientela da Zona Sul carioca, antes obrigada a se deslocar para outros bairros. O salão foi implantado em um imóvel de três andares, que consumiu investimentos de 3,5 milhões de reais. Era um dinheirão, mas acreditava-se que valia a pena fincar bandeira em um bairro icônico da cidade. "Era uma visibilidade importante para a marca", lembra Rogério, responsável por toda a negociação do aluguel do imóvel. Ele chegou a visitar outros endereços no bairro, mas nenhum oferecia a exposição que a loja de rua proporcionava.

Assim como em Ipanema, o primeiro salão de Salvador foi instalado num prédio de três andares, onde trabalhavam 120 funcionárias. Era um imóvel gigante, só comparável ao ocupado pela Igreja Universal, vizinho ao salão. A escolha do Largo do Tanque, na Liberdade, situava o Beleza Natural no bairro mais populoso e até pouco tempo com maior percentual de negros do país.

Às vésperas da inauguração, Leila viajou para Salvador. O custo de implantação do salão reduzira a verba publicitária a zero. Seu temor era que não houvesse clientes para atender no primeiro dia. O Beleza Natural não era conhecido na cidade. Acompanhada de 14 meninas recrutadas nos salões do Rio, passou os dias que antecederam a abertura panfletando nas redondezas – como fizera nos primórdios do salão da Muda com Rogério.

Talbot ainda inauguraria em sua gestão os salões de Madureira, Nova Iguaçu e Alcântara (São Gonçalo).

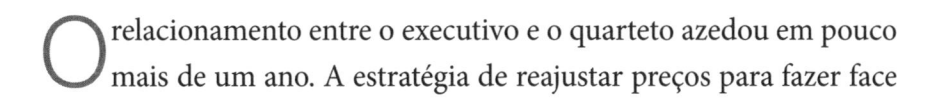

~

O relacionamento entre o executivo e o quarteto azedou em pouco mais de um ano. A estratégia de reajustar preços para fazer face ao plano de expansão foi um tiro que saiu pela culatra. As vendas caíram, o que inviabilizou o objetivo de recompor o caixa via aumento do tíquete médio (o valor médio gasto pelas clientes). As despesas superavam a receita financeira. O incômodo dos sócios se tornou crescente.

Leila procurou Fersen para desabafar. Nos salões, o grau de insatisfação crescia. As clientes se sentiam traídas. Queriam seus cachos de volta – perdidos depois de anos de alisamento –, mas não a qualquer preço. Tinham um limite no orçamento. Até então admirados pela clientela, os sócios do Beleza Natural corriam o risco de ser vistos como gananciosos.

A política de Talbot se chocava com a filosofia da empresa. Leila tentara persuadi-lo a não promover novos aumentos. Ela temia perder clientes e sofrer o ataque da concorrência, especialmente dos grandes fabricantes mundiais de cosméticos, que começavam a descobrir o potencial de consumo da classe C. Sua análise resume o sentimento à época:

Tínhamos e temos em mãos uma fórmula maravilhosa. Mas o que disponibilizamos é commodity. Qualquer um pode copiar e oferecer mais barato, porque terá mais dinheiro para investir. O que fazemos de diferente é entender a alma da nossa cliente, do nosso colaborador e transformar isso em um conceito de negócio. Se perdermos isso, seremos apenas mais um.

O diretor-geral não dava ouvidos e a paciência de Leila estava chegando ao fim. A gota d'água veio no dia em que o professor Medine Singh, da faculdade de administração de Columbia, esteve na sede da empresa, no Rio de Janeiro. Era maio de 2010. Leila convidara Talbot, assim como outros executivos, para participar do encontro.

No curso da reunião, a divergência entre a sócia e o diretor veio à tona. Os dois discutiram e a política de preços foi novamente questionada. A conversa começou em inglês e terminou em português. Singh percebeu pelo gestual, pelo tom de voz e pela atitude da aluna – sempre tão calma e ponderada – que algo de muito errado estava ocorrendo. Diante da atitude incisiva de Leila, Talbot se levantou e, com os olhos marejados, se retirou da sala.

Ela conta que o executivo queria promover mais um aumento. "Não deu para aguentar", admite. Ali Leila tomou a decisão de demiti-lo. Sempre que fala sobre o assunto, a executiva se recrimina por ter perdido o controle na presença de um visitante: "Morro de vergonha só de lembrar."

O anúncio da demissão ocorreu em reunião na sede carioca da Endeavor, poucos dias depois do imbróglio. Paulo Novis também se afastou da empresa, deixando vaga sua cadeira de conselheiro.

Talbot permaneceu no cargo entre novembro de 2006 e maio de 2010. O crescimento médio no período foi da ordem de 30% – percentual em linha com o histórico da empresa. A dívida acumulada do Beleza Natural, porém, havia atingido patamares elevados. Pela primeira vez em 17 anos, a situação financeira parecia mais grave que a vivenciada depois da abertura do salão para atendimento VIP em Duque de Caxias.

À beira do colapso

Leila assumiu a presidência após a demissão de Talbot; Rogério, a vice-presidência. Zica não se envolvia no dia a dia administrativo. Era a embaixadora da marca. Os sócios tinham certeza de que o crescimento do Beleza Natural não podia se dar a qualquer preço. "Tínhamos em mãos um mosaico com várias iniciativas para colocar a empresa nos eixos", lembra Leila.

A primeira medida foi reunir a equipe. Cada gerente recebeu a incumbência de preparar um relatório sobre os problemas e soluções de sua área, incluindo diferentes aspectos: cliente, gestão operacional e financeira e cultura da empresa. O projeto foi batizado com o sugestivo nome de "Novo Ciclo".

Leila e um grupo de gestores envolvidos no projeto visitaram os salões para explicar o que estava acontecendo e quais seriam os próximos passos. Meses depois, apresentaram uma prestação de contas que discriminava as propostas viáveis. Márcia Silveira, gerente de Comunicação, acompanhou muitas das visitas. A lembrança que ficou foi a da satisfação das funcionárias em saber que os sócios estavam de volta ao dia a dia.

Como queriam avaliar detidamente os números apresentados por Talbot, contrataram um consultor externo. Havia dúvidas sobre volume de produtos no estoque, montante da dívida e saldo em caixa. Também não tinham noção do resultado por centro de custos.

Quanto faturava a loja de Jacarepaguá? E a da Tijuca? Os sócios não confiavam nos números disponíveis. O mesmo ocorria com os outros nove salões espalhados por Rio de Janeiro, Salvador e Vitória. A situação financeira da fábrica, a Cor Brasil, também era uma incógnita. Faltava sinergia entre as diversas áreas para entender o negócio como um todo e planejar os próximos passos.

Moises Swirski, dono da MSW Capital, um escritório de estruturação de negócios, especialmente na área de finanças, foi contratado no mês seguinte ao da demissão de Talbot. Leila o conhecera anos antes em um curso em Harvard. Veio a reencontrá-lo anos depois no Rio. Ele nunca entendeu por que os sócios aceitaram se afastar da operação com a entrada de Talbot: "Não fazia sentido, porque eles são as melhores pessoas para tocar o negócio."

O primeiro encontro dos quatro sócios com Swirski foi num almoço num restaurante do Shopping Rio Sul, onde fica a sede da consultoria. Praticamente não tocaram na comida – tinham pressa em reaver o controle da operação e, sobretudo, ter uma chancela de credibilidade dos números.

Caberia à MSW realizar o checkup da saúde financeira e estabelecer processos confiáveis para apurar os resultados por área, salão, serviço e produto. A consultoria também ajudou a montar uma cesta de preços mais de acordo com a realidade – até então, utilizava-se apenas a inflação para acionar o gatilho do reajuste dos produtos. Novos indicadores passaram a ser considerados, tais como variação do salário mínimo, variação do dólar e preço dos insumos.

Nas palavras de Pedro Weber, um dos economistas destacado por Swirski para esmiuçar os indicadores, o que se viu foi "uma espécie de intervenção branca". Weber passou a atuar como analista financeiro junto com especialistas da área contábil.

Após uma imersão de três meses na empresa, a MSW constatou que o Beleza Natural devia cerca de 37 milhões de reais, dos quais aproximadamente 7 milhões de reais a bancos (Bradesco, Santander, Banco Real e Itaú). Os outros 30 milhões de reais se referiam a dívidas fiscais (ICMS, ISS, PIS e Cofins). Como a empresa não dispunha de ativos – todos os imóveis eram alugados –, o patrimônio líquido era negativo.

As dívidas acumuladas eram maiores do que os bens patrimoniais, que se restringiam às benfeitorias nos salões da rede. Swirski comenta:

O Beleza Natural era uma empresa rentável, mas estava em posição contábil de patrimônio líquido negativo. Devia mais do que tinha para gastar, porém contava com fluxo de caixa. Logo, era uma empresa consertável. Se fosse o contrário, uma organização com situação patrimonial elevada, mas que perde dinheiro diariamente, o negócio acabaria se deteriorando.

O faturamento da rede em 2010 foi de 99 milhões de reais, um aumento de 26,6% sobre o resultado do ano anterior. Ainda assim, o Beleza Natural estava à beira da insolvência. O dinheiro que entrava no caixa era suficiente apenas para pagar o serviço da dívida – juros e amortizações referentes a empréstimos contraídos no passado para financiar a expansão.

~

A MSW não estava sozinha. A rede de contatos da Endeavor foi fundamental. Vicente Falconi, um dos maiores especialistas em gestão do Brasil, encontrou-se com Leila em São Paulo e os dois passaram uma tarde conversando sobre o negócio. O consultor Darino Moreira, então sócio de Falconi, realizou um trabalho para a empresa naquele momento.

Ao olhar para trás e analisar o período, Rogério admite que o maior erro não fora a contratação de um diretor-geral, mas o afastamento dos sócios do dia a dia da empresa a ponto de perder o controle da situação. "Deixamos a rédea solta", admite.

Leila, por sua vez, avalia que Talbot nunca chegou a entender direito o que era o negócio. Apesar dos equívocos que atribui à gestão do executivo, entende que o período serviu de aprendizado. A pancada os levou a uma profunda reflexão: "Fomos forçados a discutir o que era visceral para nós, de que estávamos dispostos a abrir mão e o que não era negociável."

Zica, a mais passional, não pode nem ouvir falar no nome de Talbot. Ela se recusa a relativizar a participação dele na empresa. Para ela, o executivo só atrapalhou.

Hélio Machado, um dos maiores entusiastas da contratação, também admite o erro. Ainda que fosse um profissional preparado e com larga experiência no mercado, não era a pessoa certa: "Fizemos uma avaliação equivocada, porque o perfil dele não combinava com o dos sócios", comenta.

Um dos conselheiros, Edmour Saiani, lembra que Talbot costumava divergir dos donos da empresa, inclusive em público, sem nenhuma cerimônia. A relação de confiança forjada entre o executivo e os sócios degringolou a ponto de não poderem mais se encontrar.

~

A crise financeira do Beleza Natural não chegou aos ouvidos das clientes, como ocorrera no imbróglio envolvendo o salão VIP de Duque de Caxias. Felizmente, ninguém percebeu que a empresa passava por uma crise de grandes proporções.

Com a saída de Talbot, a operação passou a ser monitorada minuto a minuto. Os sócios mergulharam na empresa para um freio de arrumação, enquanto a MSW cumpria uma agenda complementar. "Tudo que Talbot não fez em três anos, como organizar financeiramente a empresa e sua gestão, e buscar financiamento externo para crescer, nós fizemos em poucos meses", afirma Leila.

Enquanto a MSW saneava as finanças e montava uma estratégia para enfrentar o endividamento, a Ernst & Young se encarregava da primeira auditoria externa da rede (mais tarde a cargo da Pricewaterhouse-Coopers), concluída sem ressalvas.

À medida que a situação se acalmava, os sócios voltavam a pensar em expansão. Crescer, crescer e crescer era a palavra de ordem. Por essa época, discutiram o assunto com Beto Sicupira. Ele abriu as portas do seu apartamento no Arpoador, Zona Sul do Rio e passaram uma tarde debatendo os modelos de crescimento e a venda de parte do capital para um sócio capitalista.

A Endeavor foi aliada fundamental ao facilitar o trânsito com a elite empresarial. De contato em contato, Leila foi tecendo uma teia de amizades com nomes importantes do meio empresarial, acadêmico e institucional. Carlos Lima, sócio da Integration, foi um deles. Quando Lima ofereceu ajuda, ela foi imediatamente aceita.

~

A equipe da Integration, formada pelos consultores Talita Lacerda e Sebastian Arbeleche, foi liderada por Leonardo Zylberman, que saiu encantado após visitar o salão da Tijuca:

Todo empreendedor tem um quê de visionário, mas no caso dos sócios do Beleza Natural essa característica foi elevada ao extremo.

Dessa parceria nasceu o Plano Decolar. A meta era ousada: multiplicar por 10 o número de salões entre 2012 e 2018 – de 12 para 120 lojas. Os sócios nunca tiveram medo de ousar, mas sabiam que só decolariam com a ajuda de um sócio capitalista. Dinheiro era o combustível de que precisavam para levantar voo.

No dia da apresentação do plano à equipe, Leila se vestiu de aeromoça. Cada funcionário recebeu um brinde – a réplica de um passaporte, entregue pessoalmente por ela. Desde então, o Plano Decolar passou a ser revisto anualmente e se tornou uma espécie de bússola para o negócio.

Rogério, o homem da expansão, tratou de montar uma equipe à altura do desafio. Ele contratou um profissional que havia trabalhado no Spoleto e uma arquiteta que, por anos, atuara em shopping centers. Sabia que erros do passado não poderiam se repetir – caso contrário, o plano não decolaria e a meta de 120 salões não seria alcançada. Era fundamental rever toda a logística para evitar contratempos como o que ocorrera no passado em Campo Grande. As lojas precisavam ser construídas em menos tempo. "Hoje funciona como um relógio", conta Rogério. Quatro construtoras passaram a prestar serviço para o Beleza Natural. Ao final da obra, a consultoria de controle de qualidade da empresa realiza uma vistoria para checar se todos os detalhes foram atendidos. Do início da obra à inauguração, são 75 dias de trabalho (60 para tocar a obra e 15 para montar o salão).

O novo modelo de expansão se adequava aos limites impostos pelos próprios empreendedores. Juntos, definiram os mercados potenciais: São Paulo, Salvador, Minas Gerais, Brasília e novos bairros e cidades no Rio de Janeiro. A lista não diferia da sugerida por Talbot. Só que, dessa vez, os sócios do Beleza Natural fizeram o dever de casa e resolveram os problemas financeiros antes de sair à cata de quem bancasse a expansão. O plano também previa diversificação da marca (e-commerce e venda porta a porta) e reposicionamento, em que era proposto descontinuar itens pouco rentáveis e lançar novos produtos para complementar o portfólio.

Os sócios haviam saneado as finanças. Eles precisavam agora de um parceiro que os ajudasse a tirar do papel o Plano Decolar. Faltava estruturar um novo modelo de loja, mais adequado ao momento.

Leila começou a pensar no assunto bem antes, quando cursou o Entrepreneurship and Competitiveness in Latin America (ECLA) na Universidade de Columbia. O trabalho de formatura proposto por Nelson Fraiman era a revisão de um dos processos da empresa na qual os alunos trabalhavam. Ela decidiu ampliar o foco. Queria rever todo o processo: mix de produtos, fluxo de atendimento, tamanho e layout de lojas, identidade visual, perfil da equipe e política de preços. Quando chegou ao Brasil, montou um grupo de trabalho. Um representante de cada diretoria foi convocado para tocar o projeto batizado de "BN Ideal".

As lojas seriam customizadas – modelo mais apropriado para viabilizar o crescimento. No lugar de salões enormes, com 1.200 metros quadrados, adotariam um novo padrão de 400 a 600 metros quadrados com capacidade para faturar, dependendo da localização, 80% do que faturavam as lojas antigas.

A executiva fala com empolgação do momento em que o negócio foi repensado, quase como se a empresa estivesse nascendo de novo:

Comparamos 14 indicadores de desempenho. Analisamos a produtividade da equipe, a lucratividade por metro quadrado, a receita, o tíquete médio, a satisfação da cliente. Montamos um ranking das lojas, o que nos ajudou a entender qual era a melhor unidade em cada um desses itens. O segundo passo foi descobrir por que determinada filial se destacava em cada quesito. A resposta a essa pergunta nos levou ao questionamento do que fazer para criar lojas somente com as características das "campeãs".

O projeto implicava mudanças de rotina e substituição de práticas antigas. Ao final de um ano, o modelo estava construído. Os sócios foram atrás de um escritório de design para o novo layout das lojas. Depois de muito pesquisar, escolheram a Crama Design para criar o projeto arquitetônico. O valor cobrado era alto: 300 mil reais. Depois de muita negociação, reduziram o preço e parcelaram em oito vezes. Arquitetos e engenheiros de produção entraram em ação.

A proposta foi para lá de original: lojas construídas em formato de Lego. Assim como o brinquedo, os novos salões têm móveis que se encaixam, permitindo inúmeras combinações de acordo com a necessidade. Uma passarela com tapete vermelho e espelhos de corpo inteiro leva à saída do salão, onde a cliente passa pela loja de produtos antes de ir embora. Exatamente como nos parques da Disney.

Os novos salões também perderam paredes internas. O objetivo era permitir uma visão ampla de tudo o que ocorria no interior da loja. É algo que facilita remanejar funcionárias em caso de gargalo no atendimento. O projeto arquitetônico foi idealizado para impedir engarrafamentos na linha de produção concebida por Leila. Tudo é feito para tornar o tempo no instituto agradável. As salas são equipadas com monitores, onde vídeos tutoriais podem ser acompanhados, inclusive quando se está lavando a cabeça. A luz é preferencialmente natural, o que deixa o tom da pele mais bonito. As gavetas foram abolidas para evitar bagunça. Todos os acessórios são guardados em calhas imperceptíveis nas paredes. A logomarca evoluiu para o símbolo do infinito, alusão às inúmeras e infinitas possibilidades dos cabelos cacheados.

Além de mais baratos – um terço do custo dos anteriores –, os salões ficavam prontos em menos tempo. A primeira loja do novo modelo foi a de Serra, maior cidade do Espírito Santo, que faz limite com Vitória. A operação capixaba se mostrava cada vez mais lucrativa.

As mudanças eram importantes, mas era preciso crescer sem perder a cultura ou o controle da operação. Preservar o DNA era condição *sine qua non* para fechar o negócio com um futuro sócio capitalista.

O desafio se apresentou no exato momento em que Leila foi convidada a apresentar o case do Beleza Natural para 400 alunos da IE Business School – uma das mais renomadas escolas de negócios da

Europa. Ela aceitaria o convite se os alunos propusessem soluções para o novo ciclo da empresa.

De volta ao Brasil, implantou uma das propostas apresentadas e criou um núcleo de preservação da cultura, apelidado de Bope. A tropa de elite da rede de cabeleireiros é treinada para combater desvios em relação à cultura da empresa e erros no processo de aplicação do Super-Relaxante. O grupo é formado por representantes das diferentes diretorias. A sugestão de e-commerce – que também constava do Plano Decolar – ainda não saiu do papel, mas está no radar dos sócios.

~

Enquanto o Beleza Natural realizava ajustes internos, Allan Grosmann, à época numa empresa de seguros, seguia de olho na rede de cabeleireiros. O ano de 2012 chegou com a notícia de que a seguradora onde ele trabalhava estava de malas prontas para São Paulo. Como não queria mudar de cidade, Grosmann ligou para Leila informando que estava à procura de emprego. Ouviu uma ótima notícia. Os sócios haviam decidido, por sugestão da MSW, acabar com a gerência financeira e criar um novo cargo: o de diretor financeiro. Sete anos depois do primeiro contato com o quarteto, o executivo conseguia o emprego que tanto ambicionava.

Os sócios tinham pressa, porque a dívida não parava de crescer. Grosmann não teve nem tempo de se familiarizar com o novo emprego. Tão logo assumiu o cargo, iniciou negociações para refinanciar a dívida fiscal em até 180 meses. Junto com os consultores externos, montou uma estratégia em que a primeira missão foi substituir o financiamento bancário de curto prazo (entre 12 e 24 meses) por outro de longo prazo e com carência.

Foram inúmeras visitas a bancos e muitas idas a São Paulo. A estratégia era procurar todas as instituições com as quais a empresa havia contraído dívidas. Em alguns bancos, conta Grosmann, houve situações constrangedoras. Uma das executivas se emocionou ao ouvir a trajetória dos sócios – chegou a chorar –, mas não pôde liberar o empréstimo solicitado. O conselho do banco negou o aporte financeiro ao se debruçar sobre os números da empresa.

O Bradesco foi a exceção à regra e o único a aceitar sentar à mesa. A negociação se estendeu por quatro meses. Mentores da Endeavor uniram esforços e entraram em ação para ajudar o Beleza Natural. A empresa queria 20 milhões de reais. O banco liberou a metade, mas concedeu carência de um ano e cinco meses para amortizar a dívida. O socorro financeiro chegou em boa hora. Leila recorda aquele momento:

Como não tínhamos ativos na empresa para dar em garantia ao empréstimo, Rogério e eu lançamos mão de nosso patrimônio pessoal. Se não tivéssemos fechado com a GP, ficaríamos com a cabeça na guilhotina.

Com o dinheiro em caixa, o Beleza Natural pagou uma das dívidas de curto prazo com encargos elevados. A casa começava a ficar arrumada e as finanças, organizadas. Os sócios voltavam a respirar e a inaugurar novos salões, como o do Cachambi, na Zona Norte do Rio de Janeiro.

À procura de um sócio capitalista

A Autoestima, holding familiar, foi criada em 2012 para permitir que os sócios fossem ao mercado. Ela passou a ser dona dos salões e da fábrica Cor Brasil. Zica e Jair detinham 66,66% do capital, que dividiam em parcelas iguais. Leila e Rogério ficaram com o restante das ações: 33,34%, também fatiadas igualmente. Em suas decisões, procuravam seguir mais uma recomendação de Fersen Lambranho: "Juntos vocês são fortes. Separados, nem tanto."

Depois de liderar a reestruturação financeira, a MSW foi escolhida para apresentar o Beleza Natural ao mercado. A relação de confiança estava construída e ninguém melhor do que Swirski e sua equipe – que haviam mergulhado na empresa nos últimos dois anos – para abordar investidores.

Moises Swirski tinha um excelente negócio para apresentar ao mercado. O Beleza Natural cresceu impulsionado pela transformação social de seu público-alvo: as mulheres negras. Dos 192 milhões de brasileiros recenseados pelo IBGE em 2011, pouco mais da metade era de negros e pardos: 97,7 milhões de pessoas, das quais 49,8 milhões eram mulheres. O número evidencia a discrepância entre o padrão estético vigente de valorização do cabelo liso e a estatística oficial. O Beleza Natural era um oásis em meio a um segmento de mercado desassistido.

A empresa tinha pela frente o enorme desafio de ampliar sua oferta de produtos e serviços face a uma enorme demanda reprimida. O que não faltava era consumidor para ser conquistado. Em 2011, os 12 salões da rede atendiam, em média, 80 mil mulheres por mês – um número ínfimo se comparado com o potencial represado. Foram quase 900 mil aplicações do Super-Relaxante no ano. A receita com a venda de produtos como xampu, condicionador e creme de pentear representou 37% do resultado financeiro. Os institutos abertos nos seis anos anteriores começaram a dar retorno financeiro antes do quinto ano de funcionamento (o que soava bastante razoável aos olhos do mercado).

Swirski precisava entender exatamente o que os sócios queriam antes de apresentar a empresa aos investidores. A psicanalista Nazli Sasson foi então convocada para ajudá-lo. Há 20 anos ela participava de projetos da MSW que incluíam mudanças estruturais (como processos de expansão) ou societárias. Sasson promove sessões de análise com os acionistas até traçar um perfil psicológico de cada um. O orgulho com que Zica, Leila, Rogério e Jair falaram do negócio foi tanto que passou a nortear toda a estratégia de negociação.

Eles relataram que as dificuldades iniciais nunca foram vistas como uma barreira para criar o Beleza Natural. Falta de dinheiro também nunca foi um problema. Os sócios provaram na prática que determinação, criatividade e perseverança em determinadas situações são mais importantes do que capital. Se para alguns os contratempos são motivo de desestímulo, para eles serviram de combustível. Independentemente do momento de vida de cada um, o respeito mútuo chamou a atenção de Nazli:

O Beleza Natural não é apenas o lugar onde os sócios ganham a vida. É muito mais que isso. A empresa é a vida deles. O vínculo afetivo com o negócio é forte e transcende, em muito, a relação comercial.

Depois de concluído esse diagnóstico, ficou claro que abrir mão do controle estava fora de questão. O futuro sócio teria de se contentar com uma participação minoritária. E mais: os quatro não queriam apenas o dinheiro. A ideia era contar com um investidor que contribuísse com a gestão. A empresa já faturava mais de 100 milhões de reais. Eles queriam um parceiro com experiência no mercado de capitais (pois vislumbravam a possibilidade de abrir o capital no futuro) e alinhado com a filosofia empresarial do grupo – o DNA e a cultura não estavam em discussão.

~

A MSW avaliou o Beleza Natural em 200 milhões de reais (não estava embutido o valor da marca). O aporte de recursos negociado seria de, no máximo, 70 milhões de reais, equivalente a 33% do valor da empresa. A oferta vinha acompanhada do tal plano de expansão da Integration, aquele que faria crescer a empresa de 12 para 120 lojas até 2018. Também estava prevista a abertura de três novos centros de treinamento para preparar dois mil novos funcionários. Definidas as regras, foi dada a largada para as rodadas de negociações.

Moises sabia que os sócios do Beleza Natural não tinham interesse em vender participação majoritária nem em conversar com fundos extremamente agressivos. Pelas características descritas pelo quarteto, a GP Investimentos estaria fora das negociações.

O Beleza Natural seguiu o roteiro clássico para buscar um investidor no mercado. A empresa tinha a seu favor a visibilidade conquistada desde que fora aprovada pela Endeavor. Em um primeiro momento, cartas-convite foram distribuídas para meia dúzia de grandes fundos de investimentos. Como de praxe, a MSW realizava uma apresentação aos candidatos. Falava sobre a evolução do negócio e de seu plano de expansão. Comprovava com planilhas que a cliente do Beleza Natural havia aumentado em 50% os gastos nos últimos cinco anos nos salões da rede.

Os fundos de investimentos mais conhecidos a tomar parte nas apresentações foram: Advent International; Pátria; BTG Pactual; o gigante americano Carlyle, terceiro maior fundo de investimentos do mundo, com uma carteira de US$ 180 bilhões; e o fundo de investimentos da varejista Lojas Marisa, gerido por Alan Strozenberg e Michel Terpins.

O Pollux Capital – que tinha entre os sócios Jorge Felipe Lemann, um dos filhos de Jorge Paulo – foi o que mais avançou antes da entrada da GP na disputa. O problema é que não havia concordância em relação à avaliação da MSW. Achavam que o Beleza Natural valia menos: 180 milhões de reais. Ainda assim, concordavam em pagar 70 milhões de reais pelas ações da empresa. Se a proposta fosse aceita – o que acabou não ocorrendo –, o Pollux passaria a deter 37,2% do capital, e não os 33% que os sócios estavam dispostos a vender.

As negociações com o Pactual também emperraram, assim como as conversas com outro interessado, que jogou para baixo o valor estimado. A primeira avaliação foi ainda menor do que a oferecida pelo Pollux e, em um segundo momento, baixaram ainda mais, para 130 milhões de reais. Mantinham, no entanto, a intenção de desembolsar 70 milhões de reais. A conta não fechava porque os sócios se recusavam a perder o controle, o que ocorreria se a proposta fosse aceita – no lugar de vender 33% do capital, iriam alienar 53% das ações do Beleza Natural. Até o discurso da autoestima foi ironizado por um dos fundos negociadores ao chamar o carro-chefe da empresa, o Super-Relaxante, de "xampuzão da Leila" – uma afronta à trajetória dos sócios.

Uma nova rodada teve início. A GP Investimentos estava fora da lista, mas Fersen Lambranho acompanhava tudo de perto em virtude da proximidade com Leila. Seu trânsito no universo corporativo permitia que ouvisse opiniões de executivos, empresários e ex-professores. Ela ouviu que o Pollux era muito pequeno. Também ouviu que o Boticário – que contratou o Itaú BBA para intermediar as conversas – tinha um perfil mais de parceiro estratégico do que de capitalista. Alertaram ainda que, se o negócio fosse fechado, o Beleza Natural seria mais uma empresa do grupo, como Quem disse, Berenice? e Eudora.

Todas as reuniões de negociações ocorriam no escritório da MSW. Swirski abria os trabalhos e, se a conversa avançava, outro encontro era marcado. Zica chegava com sua caixa de acrílico transparente onde repousava a peruca *black power* da Disney. A dobradinha Zica e Leila continuava dando certo. A primeira contava sua história pessoal, enquanto a segunda apresentava a trajetória da empresa e seus números.

As conversas prosseguiam em ritmo intenso, mas o Beleza Natural ainda não tinha encontrado seu parceiro. Seis meses haviam transcorrido desde o início das negociações quando uma mudança na legislação do ICMS sobre produtos cosméticos tornou possível a redução drástica do custo fixo da empresa. A cobrança do imposto passaria a incidir exclusivamente sobre o fabricante, e não mais sobre o revendedor – no caso, os salões da rede. Só o Super-Relaxante era fabricado na Cor Brasil. Todos os demais produtos eram feitos por terceiros, sob supervisão da Cor Brasil.

A economia de impostos melhorava de repente o resultado financeiro. "O Beleza Natural passou a oferecer mais conforto e segurança para o investidor", recorda Swirski. Noutras palavras, a empresa se tornava ainda mais competitiva aos olhos do mercado. Os sócios ganhavam fôlego para continuar procurando um parceiro mais adequado às suas necessidades.

Uma coisa era certa: o Beleza Natural, que, 19 anos atrás, era apenas um salão de cabeleireiros no fundo de um sobrado, havia se tornado uma empresa ousada e que planejava decuplicar de tamanho em seis anos. A carga de trabalho crescia na mesma proporção que o desempenho almejado. Alguns funcionários, muitos dos quais haviam começado praticamente junto com o quarteto, pediram demissão.

Apesar de os donos estarem alinhados com a ideia de ter um sócio capitalista, os funcionários sentiram o baque. Nos salões, o assunto também era comentado, mas não mobilizava tanto quanto no escritório-sede. A entrada de um investidor só não era unanimidade entre o time de executivos. Os contrários à ideia defendiam que o Beleza Natural podia crescer gradualmente, e não de forma tão agressiva.

Eles seriam voto vencido.

O quinto elemento

A reunião do Conselho da Endeavor estava perto do final quando Leila recebeu uma mensagem de Fersen no celular. Ele queria se reunir com ela quanto antes. A sede da GP fica no bairro do Itaim Bibi, Zona Oeste de São Paulo. Leila estava bem perto.

Ao chegar, ouviu de Fersen que ele tinha interesse em disputar a compra dos 33% do capital do Beleza Natural. Era a primeira vez que falava sobre o assunto com ela.

Lambranho identificava na rede um enorme potencial, ainda que suas pretensões encontrassem resistência entre os sócios da GP. O negócio era considerado pequeno para os padrões do fundo. Quando a GP Investimentos abriu as portas em 1993 – mesmo ano em que o quarteto inaugurou o primeiro salão da rede –, o mercado de *private equity* engatinhava no Brasil. Foi preciso esclarecer para o mercado que o objetivo era comprar empresas em dificuldades, promover um choque de gestão, melhorar o resultado financeiro e revender por um preço bem mais alto. Em 21 anos, o fundo investiu 5 bilhões de dólares em participações acionárias em 53 companhias espalhadas por 15 setores da economia brasileira. Seus sócios faturaram 4 bilhões de dólares com a alienação integral ou parcial das ações adquiridas em 45 dessas companhias. O interesse sempre recaiu sobre empresas das quais pudessem comprar uma fatia que oscilasse entre 180 milhões e 200 milhões de dólares.

Se as negociações com o Beleza Natural avançassem, o fundo pagaria "apenas" 35 milhões de dólares por 33% do capital. A transação abriria nova frente de negócios para a GP Investimentos, e a rede de cabeleireiros protagonizaria o menor investimento do fundo até então. (No outro extremo está a Magnesita, mineradora em que a gestora de recursos aportou perto de 1 bilhão de dólares.)

Foi a partir de 2012 que os gestores da GP passaram a olhar com mais atenção para o setor de varejo. Chegaram a estudar pequenas e médias empresas, mudança significativa para um fundo que só tinha olhos para grandes negócios.

O desempenho do segmento de produtos de beleza fez a GP concluir que era hora de investir nesse mercado. A ascensão era impulsionada pelos indicadores econômicos e pelo perfil populacional do país. O contingente de mulheres supera em 5 milhões o de homens, segundo estatística oficial do IBGE divulgada em 2012 na Pesquisa Nacional de Amostra por Domicílio (Pnad). Ao se tornarem mais independentes financeiramente, resultado da crescente inserção no mercado de trabalho, as mulheres passaram a investir na aparência. Com faturamento médio superior a 40 bilhões de dólares, segundo cálculos da Associação Brasileira da Indústria de Higiene Pessoal, Perfumaria e Cosméticos (Abihpec), o mercado de higiene pessoal, perfumaria e cosméticos do Brasil é o terceiro maior do mundo, ficando atrás apenas de Estados Unidos e China.

Os gestores da GP haviam tomado conhecimento da intenção de decuplicar o número de salões. São poucos os negócios no país em que é possível multiplicar o tamanho por 10 sem perder a rentabilidade. O potencial de crescimento de vendas não se restringia à abertura de novas lojas. Salões abertos há mais de 15 anos continuavam registrando aumentos de vendas anuais em torno de 10% – um negócio maduro costuma crescer em média pouco mais do que a inflação. A rede, diz Fersen, se encaixava na nova estratégia da GP Investimentos:

Estávamos acompanhando o desenvolvimento do Beleza Natural, e a empresa alcançou um tamanho, ainda que pequeno, que não era mais tão distante da nossa realidade. Além do mais, ela tem uma taxa de crescimento bastante interessante e é um negócio com possibilidade de ganhar escala. A rede tem um conceito inovador e é comandada por pessoas muito preparadas.

Ainda assim, Leila levou um susto ao ouvir a proposta. A GP era a antítese do que a executiva sonhava ter como parceira:

Eu sempre pensei na GP como o oposto daquilo que pudesse dar certo como um potencial parceiro do Beleza Natural. Sempre vi neles um fundo com certo grau de agressividade, que impõe sua cultura e, sobretudo, que só se interessa em entrar como sócio majoritário. Era tudo que não nos interessava.

Fersen não se abalou ao ser informado de que as negociações com outro potencial investidor estavam avançadas e que o Beleza Natural não poderia abrir uma nova frente de conversações. Sua resposta foi que podia esperar e, caso houvesse interesse em conversar mais à frente, bastaria procurá-lo. As portas da GP estavam abertas.

Pouco tempo depois, a negociação em curso efetivamente desandou e a GP se tornou uma opção. Leila discutiu o assunto com Swirski. O executivo ponderou que a GP Investimentos havia mudado: negócios menores passaram a atraí-la, assim como ingressar em operações como minoritária se tornara uma possibilidade.

Leila embarcou para São Paulo para uma nova conversa. Dessa vez, não seria mais um aconselhamento. Era uma reunião de negócios onde vendedor e comprador estariam frente a frente. Sabia que, nessas condições, o interlocutor – com seu jeito duro de falar e sua voz grave – não seria generoso ou paternal. Leila ouvira falar de

Fersen como um homem explosivo, que batia na mesa, falava grosso – características que ela, pessoalmente, não conhecera em nenhum dos coachings feitos por ele na empresa até então. Ela admite que seu maior temor era que essa faceta viesse à tona após o "casamento" – o que não se confirmou:

> *Ele é um homem extremamente inteligente, objetivo e não esconde o que está pensando. Nunca o vi como um bicho-papão.*

A reunião superou qualquer expectativa. O executivo tinha interesse em compartilhar o negócio e contribuir com a gestão. Era o que o Beleza Natural queria: capital para investir e choque de gestão para melhorar o desempenho da rede a longo prazo.

Leila reuniu os sócios tão logo retornou ao Rio de Janeiro. A conclusão foi unânime: a GP era o parceiro de que precisavam naquele momento.

~

Fersen idealizou a negociação com o Beleza Natural, mas foram os sócios da GP Thiago Rodrigues e Daniel Cunha que ficaram à frente da operação. O entendimento em relação ao preço ocorreu nas primeiras semanas. Os investidores concordaram com o valor calculado pela MSW: entre 180 milhões e 200 milhões de reais. Não houve questionamento em relação à participação minoritária. A impressão que a GP deixou nas primeiras reuniões com o quarteto e seu *advisor* foi a melhor possível, lembra o diretor financeiro do Beleza Natural, Allan Grossman:

> *Ao contrário do que se falava sobre a GP, sua arrogância e seu jeito truculento de operar, eles demonstraram um enorme respeito pela gestão do Beleza Natural. E ainda tiveram a humildade de admitir que*

não entendiam nada de cabelo. Tinham expertise em varejo e em finanças, e era onde pretendiam influenciar.

Não era apenas a GP que procurava se informar sobre o Beleza Natural. Leila também vasculhou a vida do futuro sócio. Hoje ela avalia que o sucesso da sociedade é consequência desse conhecimento mais aprofundado entre os parceiros:

Falamos com empresas que amaram ser sócias da GP e outras que odiaram. Procuramos entender como tinha sido a sociedade com empresas de diferentes setores da economia. Pedi a todos da minha rede de contatos que me ajudassem a formar uma visão ampla do nosso futuro sócio. Também conversei com ex-funcionários da GP.

Entre as empresas de que a GP ainda é sócia, Leila conversou com os executivos da Empresa Brasileira de Agregados Minerais (Ebam). Procurou também ex-sócios como Poit Energia e Universidade Estácio de Sá. Chegou a ouvir relatos de que a pressão por resultados, metas e indicadores era muito agressiva. Por incrível que pareça, Leila gostou do que ouviu.

À época, o Beleza Natural já dispunha de indicadores para praticamente tudo: número de luvas, quantidade de produto, absenteísmo, nível de satisfação do cliente, tempo de maturação de uma loja. Dentre os itens do checklist da consultoria de qualidade da empresa, até a temperatura do ar-condicionado é monitorada...

~

Quando os sócios iniciaram as negociações com a GP, já tinham feito parte de um importante dever de casa. Quatro anos antes, Leila procurou Fersen para uma consulta informal. Ela queria tirar dúvidas, sentia-se insegura em relação a alguns assuntos, incluindo a possibilidade de ingresso de um novo sócio. Marcaram uma reunião em São Paulo em companhia dos demais acionistas. Quando chegaram à sede da GP, ouviram um conselho inesperado. Fersen lembra:

Eu estava muito desconfortável, porque estava me metendo na casa alheia. Mas disse que eles formavam uma grande família e que a primeira coisa que precisavam fazer era se organizar, formar um bloco coeso que fosse forte o suficiente para conviver com a entrada de outro parceiro no negócio. Se não fizessem isso, correriam o risco de se dividir e, assim, perder a força.

O que Fersen propunha era que os quatro assinassem um acordo de acionistas, com regras claras para eventuais brigas, separação, morte e sucessão. A sugestão já havia sido formulada por outros mentores da Endeavor, mas nenhum havia sido tão enfático. Do ponto de vista jurídico, o Beleza Natural era desorganizado. Os sócios abriam uma nova empresa a cada salão inaugurado. O executivo sabia que a proposta podia criar desconforto – o que de fato ocorreu. Jair foi o que ficou mais incomodado. À época, eles viviam em harmonia e tinham apenas um contrato social.

A recomendação continha ainda uma particularidade: o voto de Minerva, que constava do acordo de acionistas assinado pelos sócios da GP em seus próprios negócios. Funciona assim: em caso de divergência, os sócios têm um mês para pensar no assunto. Terminado o prazo, voltam a discutir. Caso a divergência continue, prevalece o voto de Minerva. A palavra final fica a cargo de um dos sócios. Um sorteio define quem será o primeiro da fila. Depois de opinar, é remanejado para o último lugar. (Desde que passou a fazer parte das cláusulas da sociedade, o voto de Minerva nunca foi necessário.)

Os quatro voltaram para casa e continuaram tocando a vida. Seis anos depois, o executivo ficou sabendo que os conselhos foram acatados: assinaram um acordo de acionistas e incorporaram o voto de Minerva. Em sorteio, definiram quem seria o primeiro da lista: Rogério, seguido de Leila, Jair e Zica. Rogério não acredita que venha a ser necessário acionar o dispositivo: "Se precisarmos desengavetar o voto de Minerva, será um sinal de que a parceria não está mais funcionando."

~

A harmonia que tomara conta das primeiras semanas de negociação deu lugar a conversas duras ao discutir o acordo de acionistas. A governança passou a ocupar o centro da discórdia. Os sócios entendiam que a GP Investimentos queria impor regras que não cabiam a um minoritário. Temiam uma interferência excessiva no dia a dia e cortes de custos além da conta.

"Inúmeras vezes chegamos a achar que a negociação não chegaria a lugar nenhum. Quando parecia que as conversas avançavam, voltávamos para trás", lembra Fersen. Nessas ocasiões, a tática era sempre a mesma: os investidores citavam o exemplo da churrascaria Fogo de Chão. Quando passou a ser sócia do restaurante, a GP levou um susto com o salário dos garçons. "Nunca achamos que aquela remuneração fizesse sentido, mas, como dava certo na operação, resolvemos não mexer", conta Fersen.

O temor dos sócios do Beleza Natural era fácil de entender. Se para a GP a negociação era mais uma, para os quatro era um momento único. A complexidade da operação, a estrutura financeira em discussão, os impactos tributários decorrentes da venda... Tudo era novidade. Diz Fersen sobre o negócio com o Beleza Natural:

Se eu sentir que a união de dois não soma três, não farei negócio, ain-

da que seja a joia da coroa. Não existe um bom negócio que resista a uma sociedade não sinérgica. Seria um tremendo caso de insucesso se o Beleza Natural não se transformasse em algo grande.

Outra preocupação dos sócios capitalistas era quanto à permanência do quarteto no negócio. Fersen costumava dizer que "as circunstâncias mudam as pessoas". Apesar de a GP nunca ter expressado o desejo, chegou-se a pensar, no início das negociações, na possibilidade de tocar a operação sem a ajuda dos quatro. Ao mergulhar na empresa, os investidores descobriram que seria impossível. O sucesso da empreitada dependia dos sócios-fundadores. Trataram então de cobrar garantias de que eles não abandonariam o barco após a venda. "E se vocês não quiserem mais trabalhar depois de ficarem ricos?", questionava Fersen. Era uma discussão totalmente sem sentido. Eles não tinham intenção de repetir o erro dos anos Talbot, quando se afastaram da operação.

Leila, por sua vez, exigia que o contrato assegurasse o compromisso com a qualidade do serviço, o respeito às clientes e a garantia de que o ritmo de abertura de novas lojas não colocaria em risco o DNA e a cultura da empresa. Uma exigência pouco usual e sem valor legal – apenas uma declaração de valores. Mas a garantia de que "a GP Investimentos estaria se comprometendo moralmente", justifica Leila.

Em dado momento, a negociação chegou a um impasse. Leila estava exausta. Por cinco vezes, desmaiara sem motivo aparente. As corridas diárias de 10 quilômetros haviam sido interrompidas. Engordara 10 quilos. À noite, acordava sobressaltada. Foi ao médico e recebeu o diagnóstico: estafa.

Nem assim pensou em desistir: "Eu queria muito fechar um acordo com a GP. Eles tinham dinheiro e expertise", confessa.

Thiago confirma que a recíproca era verdadeira:

Nosso negócio é entrar em companhias que são excepcionais do ponto de vista operacional e levá-las para um nível superior de controle. Queremos ajudá-los a replicar esse modelo inventado por eles.

O acordo garantiu vitórias para ambos os lados. O mandato de Leila na presidência não tem data para terminar. Fica o tempo que quiser desde que sua gestão apresente bons resultados. Também ficou acertado que cabe a ela decidir pela permanência ou não de um executivo nos quadros da empresa. Apenas em caso de demissão de algum dos atuais gestores é que ela apresenta ao conselho o nome de três candidatos. Caso os conselheiros não os aprovem, encaminha mais dois nomes. Um deles será escolhido.

Cláusulas incômodas para os sócios do Beleza Natural foram derrubadas, como a que permitiria aos investidores tomar decisões importantes se Leila, Rogério e Jair fossem convocados para uma reunião do conselho administrativo e, por algum motivo, não pudessem estar presentes. Zica é a única dos quatro que não tem assento no conselho.

A GP Investimentos, por sua vez, garantiu seu poder de veto em assuntos estratégicos. À medida que as negociações avançavam, os gestores da GP ficavam mais tranquilos. Um estudo da Booz & Company encomendado pelos investidores confirmou o que os analistas internos já haviam concluído: a vantagem do Beleza Natural em relação aos concorrentes. Um dos senões era o fato de as clientes se sentirem "escravas" do tratamento – o que, do ponto de vista do investidor, é excelente.

Finalmente, depois de nove meses de árduas discussões – a GP nunca levara tanto tempo para fechar uma parceria –, as cláusulas do contrato de "casamento" estavam prontas. Conta Leila:

Em nenhum momento tentamos enfeitar a noiva. Deixamos à mostra todas as nossas feridas, como endividamento e processos pouco informatizados. Não tínhamos nada a esconder: caixa dois, passivos trabalhistas não declarados, fantasmas na folha de pagamento, etc.

A empresa Cachos Participações, criada pelos investidores para viabilizar a sociedade com o Beleza Natural, tornou-se sócia da Autoestima em 7 de agosto de 2013. Os sócios capitalistas pagaram 70 milhões de reais por 33% do capital da rede de cabeleireiros. A sociedade estava firmada.

~

Minutos antes de assinar os papéis, Zica pediu a palavra. Deu as mãos aos sócios e discursou. Estava emocionada. Intimamente, comemorava mais aquela vitória. A rede, que começara em fundo de quintal, ingressava em nova etapa. Com a injeção de capital, os sócios podiam tirar da gaveta o plano agressivo de expansão. Mais um passo tinha sido dado para viabilizar a ambição de conquistar o mundo.

Além dos quatro sócios originais, estavam à mesa os parceiros da GP Investimentos Thiago e Daniel. A assinatura ocorreu no escritório Souza, Cescon, Barrieu & Flesch Advogados, na Zona Sul do Rio. Fersen não pôde participar. Swirski chegou ao final do encontro, quando os papéis já estavam assinados. Tão logo ingressou na sala de reunião, estranhou o semblante de todos. Thiago e Daniel avisaram que havia ocorrido um desentendimento de última hora e que o acordo fora abortado. Swirski ficou sem fôlego. Não acreditava no que estava ouvindo. Antes que o desespero aumentasse, contaram a verdade. Tudo não passava de uma "pegadinha". Todos caíram na gargalhada.

Thiago e Daniel foram empossados no conselho administrativo, que já contava com Leila, Rogério, Jair e Edmour Saiani – substituído por Marcelo Cherto pouco mais de um ano depois de a GP Investimentos ingressar no negócio. Daniel participou de apenas uma reunião. Foi substituído por outro sócio da GP Investimentos: Tiago Wigman.

A mudança acomodava a decisão de transferi-lo para o comando da Heinz, fabricante mundial de ketchup, nos Estados Unidos. Desde então, os sócios estão à procura de um sétimo nome. Concordam que é melhor um número ímpar para evitar empate nas decisões. O conselho se reúne mensalmente, enquanto o quarteto mantém a rotina de encontros semanais.

Meses depois de a sociedade ser sacramentada, Leila e Fersen foram convidados para participar de um evento anual promovido por Endeavor e Ernst & Young: o CEO Summit, que costuma reunir grandes empreendedores, executivos e investidores. A dupla ministrou a palestra "O investidor, a investida e uma história de sucesso". Confortável na posição de sócia e executiva, a presidente do Beleza Natural brincou com a situação: "A GP não tem no seu portfólio nem mulher nem negros. Ou melhor, não tinha. Preenchemos as duas cotas."

A vida depois do casamento

A busca obsessiva por performance fez a GP Investimentos ganhar a fama de durona. Não à toa, a primeira reunião de apresentação de resultados foi das mais tensas para sócios e gerentes do Beleza Natural. Mas, ao contrário do que imaginavam, a sugestão foi que tirassem o pé do acelerador. No lugar de abrir 16 salões em 2014, conforme previsto, a recomendação era inaugurar apenas 10.

O ano era atípico: inflação em alta e eleições presidenciais. Foi questionada também a previsão de três anos para o retorno dos investimentos nas novas lojas. A gestora a considerou otimista. O parâmetro eram os salões abertos a partir de 2006, que alcançaram receita de 10 milhões de reais anuais antes de completar o quinto ano.

Em retrospecto, Leila admite que os sócios da GP acertaram ao frear os investimentos, embora não tenha gostado do que ouviu então:

A maior contribuição da GP é, sem dúvida, a racionalidade que trouxeram para as tomadas de decisão. Nosso otimismo empreendedor foi responsável por muitos acertos, mas também por muitos erros.

Leila planejava desengavetar um dos seus grandes sonhos, o e-commerce. Teve de recuar. A ponderação era que, primeiro, a empresa precisava espalhar a marca pelo país. Também tiveram que reduzir a abertura de novas lojas. Concordaram em começar com quiosques para testar o mercado. O Rio de Janeiro foi escolhido, com a abertura de pontos de venda em estações de trem: na Central do Brasil, em Bonsucesso e São Gonçalo. A orientação era clara: priorizar os projetos em lugar de fazê-los todos ao mesmo tempo.

Apesar de ter aceitado os argumentos dos gestores, Leila admite: "Eu queria ouvir um sim e acabei ouvindo muitos nãos."

Mesmo com a desaceleração, a meta de 120 salões até 2018 permanece. É um número de lojas próprias que nenhuma outra rede brasileira de cabeleireiros alcançou sem franquear a marca.

A ideia ainda é abrir o capital em 2018 – fato igualmente inédito para o segmento no país. Se a oferta pública ocorrer conforme previsto, terá sido um casamento com duração de cinco anos – dois a menos que o tempo médio de permanência da GP em um negócio. Fersen diz que a sociedade vai durar o tempo que for necessário para a empresa andar com as próprias pernas.

A GP se preocupa com o equilíbrio do caixa. Ela não se mete na gestão por considerar que o quarteto e seus executivos já adotam padrões de excelência, o que se reflete na operação de qualidade nos salões. Estão convencidos de que os sócios sabem, como ninguém, tocar o negócio.

~

Com o novo sócio em casa, teve início uma nova leva de inaugurações. A ideia de ingressar em um mercado até então inédito apontou para Minas Gerais, onde a população afro-brasileira supera a branca: 53,5% dos mineiros se autodeclararam negros ou pardos ao Censo Demográfico de 2010 do IBGE. Foram abertos quatro salões de uma vez no entorno de Belo Horizonte: Venda Nova, Barreiros, Betim e Bairro União. No ano de 2014, foram inaugurados também um salão na Zona Leste de São Paulo (bairro do Tatuapé), outro em Salvador – o terceiro na cidade, dessa vez em um shopping center – e mais dois no Rio de Janeiro (Bangu e São João de Meriti).

Foi Rogério o responsável por bancar a abertura de um instituto no Salvador Norte Shopping – uma loja no subsolo do empreendimento. "Nossa loja não precisa estar no hall do shopping, porque nosso cliente é movido pela facilidade de chegar ao endereço", explica. Estava certo. O volume de vendas superou em 40% a projeção inicial.

O primeiro ano de casamento revelou que os sócios da GP não eram assim tão intolerantes em relação às metas de desempenho. Alguns indicadores, especialmente os da área de recursos humanos, ficaram abaixo da média estipulada e as explicações foram aceitas sem dificuldade. O problema ocorreu especialmente em São Paulo, onde a empresa abriu, em pouco tempo, três filiais: Largo 13 de Maio, em Santo Amaro, e Lapa, Zona Oeste, ambos no fim de 2013, além da já citada loja no Tatuapé, em fevereiro de 2014.

O processo de crescimento é sempre um desafio, e conquistar o mercado de São Paulo foi uma prova de fogo. O poder da marca foi supervalorizado e não se preparou o terreno para receber os salões. Às vésperas da inauguração da loja no Largo 13 de Maio, os sócios vivenciaram um grave problema operacional. Um percentual elevado de futuras funcionárias em treinamento abandonou o curso às vésperas da abertura do salão, o que criou dificuldades em cascata que impactaram todo o cronograma preestabelecido para São Paulo. As candidatas trocaram um emprego em que a possibilidade de ascensão social era concreta, sobretudo num momento de expansão da rede, por uma vaga em empresa de *call center*, onde a jornada de trabalho era menor – em torno de seis horas – e o salário, 60 reais maior.

Ao contrário do que ocorrera no Rio de Janeiro, no Espírito Santo e em Minas Gerais, praças onde a marca já era conhecida, as candidatas a uma vaga em São Paulo não eram clientes, não conheciam o serviço ou a linha de produtos e não tinham envolvimento emocional com o Beleza Natural ou com Zica. Para elas, trabalhar no instituto não era uma ambição, mas apenas uma das alternativas numa cidade que vivera um longo período de pleno emprego. Além de não terem apego à marca, não tinham noção da possibilidade de ascensão social no quadro de funcionários da empresa. Noutras praças, meninas que ingressaram como assistentes de marketing se tornaram gerentes operacionais e, em menos de quatro anos, haviam assumido os postos de gerentes comerciais – topo da pirâmide nos salões.

Zica precisou passar três meses por lá. Dividiu-se entre os três novos endereços e não se restringiu a propagar a cultura do Beleza Natural entre as novas funcionárias. Antes de adentrar o salão – todos eles abertos em shopping centers focados no cliente da classe C –, passeava pela praça de alimentação e ia fazendo amizade com as funcionárias. Procurava a equipe de limpeza do shopping e cativava potenciais clientes. Só depois se dirigia ao salão. Lá contava sua história às meninas – se possível, um grupo pequeno para criar mais intimidade –, ajudava uma ou outra cabeleireira e brincava com quem passasse. Completava sua jornada recebendo pessoalmente as clientes na porta. Já se apresentava com um largo sorriso e distribuía beijos. As funcionárias entenderam que, para vender autoestima, é preciso muito mais do que aplicar corretamente o Super-Relaxante. São necessários também um sorriso, um olhar carinhoso e um ouvido atento.

Além da intervenção pessoal de Zica, a empresa mudou o processo de seleção e treinamento e aumentou os salários. Em pouco tempo, os três salões de São Paulo passaram a responder pelo valor de tíquete médio mais elevado da rede.

Para Leila, não é fácil ir devagar. Sua escola como executiva foi o dia a dia da própria empresa. Prefere trabalhar com quem precisa ser freado a fazê-lo com quem necessita de estímulo. Não gosta de situações que chama de "mornas". Aprendeu com os próprios erros e acertos, e as dificuldades jamais a intimidaram. Acostumou-se a viver com a adrenalina lá em cima. É uma *workaholic* assumida e não esconde de ninguém – o que é apreciado pelos sócios da GP Investimentos.

Leila ouviu um sim importante dos novos sócios: podia investir em uma nova sede para a empresa. Ao lembrar o antigo escritório, Fersen comenta: "Parecia uma quitinete." De fato, o conjunto de salas do Beleza Natural no shopping Downtown, na Barra da Tijuca, ficara pequeno. Foi projetado para outra época, mais exatamente 2004. A nova sede, inaugurada no mesmo bairro, é mais adequada ao momento atual. As diretorias compartilham um único salão, sem divisórias – inspirado no modelo adotado pelo trio Lemann, Telles e Sicupira. O escritório conta ainda com quatro salas de reunião identificadas com as palavras que compõem os valores da empresa: zelo, inovação, competência e ambiente. A junção da primeira letra de cada uma, como já se disse, forma o nome de Zica. A cor vermelha predomina, como ocorre nos salões da rede. Máximas de autoajuda que costumam ser ditas pelos sócios foram reproduzidas nas paredes e nos vidros das janelas. "Nem o céu é o limite" é uma delas.

As mesas de trabalho devem estar limpas e organizadas, como preconiza Zica. Nada de bolsa jogada sobre o espaldar das cadeiras. Cada funcionário tem um pequeno armário para guardar seus pertences. Papéis e relatórios também não podem ficar sobre a mesa. Tudo deve estar guardado nas gavetas ao final do expediente. Até clipes, grampeador e outros utensílios de escritório têm um lugar predeterminado por Zica. O mesmo rigor imposto aos salões – onde é proibido deixar um único fio de cabelo no chão – é adotado na sede.

O modelo de gestão da GP não causou curto-circuito entre os empregados, como costuma ocorrer em outras empresas. Os funcionários do Beleza Natural estão acostumados com cobrança extrema, ritmo de trabalho acelerado e, especialmente, poucos recursos financeiros para os projetos.

O estilo espartano dos novos sócios encontrou eco no quarteto. É comum viajar de ônibus ou de avião em classe econômica – inclusive os sócios – e compartilhar a hospedagem. Leila é mais reservada, mas Zica não se importa de dividir quartos de hotel com funcionárias antigas. O camarim disponibilizado para as funcionárias no novo escritório pode parecer um excesso, mas é coerente com a filosofia da empresa. Circular de cara lavada e cabelo despenteado não condiz com a missão do Beleza Natural de vender autoestima. Os poucos homens que trabalham no escritório-sede já se vestiam de acordo com o uniforme clássico da GP: calça e camisa esporte.

O universo de cacheadas a ser conquistado pelo Beleza Natural nos próximos anos está dimensionado em 17 milhões de pessoas. São clientes potenciais, especialmente da classe C, com idades que variam entre 10 e 75 anos e renda per capita acima de 930 reais mensais.

Sem uma injeção externa de capital, seria impossível expandir a rede pelo Brasil e tirar do papel o Plano Decolar. Com o estudo da Integration em mãos, contratou-se uma empresa focada em estratégias de expansão para o varejo: a Geofusion. São especialistas em analisar bancos de dados para traçar o perfil do consumidor de diferentes bairros e regiões. Identificam o melhor local para abrir uma loja, a rua do novo endereço. O primeiro trabalho se restringiu à cidade de São Paulo. Após entender profundamente o negócio, Suzana Figoli, sócia da Geofusion, apontou as 13 regiões mais indicadas para abrigar os novos salões. As três primeiras filiais seguiram à risca o conselho da consultora.

A parceria com a Geofusion evoluiu para a compra de uma ferramenta web conhecida como Onmaps, plataforma de geomarketing. Ele oferece um conjunto de mapas e relatórios com informações detalhadas sobre o público-alvo do Beleza Natural no Brasil.

Os shoppings voltados para a classe C serão os endereços preferenciais. O investimento é mais elevado do que numa loja de rua, mas se justifica pelo conforto adicional proporcionado a clientes que costumam amargar horas de espera em filas. Não por acaso, o Beleza Natural já é identificado em algumas regiões como loja-âncora – ou seja, capaz de gerar grande circulação com benefício para todo o entorno.

~

Leila sempre foi obcecada por métricas, e conseguiu implantá-las com a ajuda de Zilda Barreto. Ela foi indicada por Saiani – os dois foram colegas na Mesbla. A diretora comercial encontrou ambiente fértil no Beleza Natural. Seu departamento cuida de 42 indicadores, dos quais 14 estratégicos e 28 operacionais.

Quantas aplicações de Super-Relaxante são feitas por dia? Doze. Volume de produto usado em cada cliente? 150 gramas. A perda é da ordem de 2%, o que significa que a média de acerto chega a 98%. Quantas toalhas são usadas por cliente? Duas e meia. Esses são alguns dos parâmetros estipulados para os salões. Em caso de reclamação ao *call center*, a atendente tem no máximo 48 horas para responder. A orientação é falar sorrindo ao telefone, o que altera a modulação da voz. Para não esquecer, as atendentes são colocadas diante de um espelho.

Um dos desafios da equipe de Zilda é igualar vendas de serviço e de produtos. A cada 10 mulheres que entram nos salões para relaxar os cabelos e aplicar o Super-Relaxante ou fazer hidratação, sete saem munidas de sacola com produtos da marca. As exceções são os endereços da Liberdade, em Salvador, e Vitória, no Espírito Santo. Lá a relação é um para um. São também os salões que ostentam os melhores desempenhos de venda.

Jacarepaguá é responsável pelo pior resultado da rede, e o motivo já foi identificado. O salão é vizinho ao CDT, onde as novas cabeleireiras são formadas. Elas treinam nas próprias clientes, que fazem o cabelo sem pagar. É um problema, mas os sócios, especialmente Rogério, não acham justo cobrar por um serviço feito por quem ainda não é profissional. Para alavancar as vendas, estimulam-se o atendimento VIP e o consumo de outros serviços e produtos. Alternativas têm sido pensadas para não canibalizar a rede. Uma delas é construir CDTs distantes dos salões, mas com uma loja de produtos na frente. A cliente é atendida gratuitamente e compra o kit de produtos para levar para casa. Ela pode retornar até três vezes. Na quarta, terá de se dirigir ao salão.

No intuito de atingir a meta, os gestores estão lançando mão de ferramentas como o CRM, que, na tradução livre do inglês para o português, significa gestão de relacionamento com o cliente. O total de clientes cadastrados supera 600 mil. É um banco de dados com informações preciosas. Conhecer o consumidor e seus hábitos é fundamental para mudar comportamentos. Se um cliente fica seis meses sem voltar ao salão, a empresa entra em contato via SMS ou ligação telefônica. Paralelamente, o Clube Amiga da Beleza, que funciona desde 2011, tem sido aprimorado. É um programa de relacionamento que brinda o cliente com descontos e promoções. Em 2006, quando Zilda chegou à empresa, a venda de produtos representava 20% do faturamento. Nove anos depois, o percentual subiu para 44%.

O valor médio gasto pelas clientes no salão é de 150 reais – pouco menos de 20% do salário mínimo em 2014. A meta é alcançar 162 reais. As paulistas são as que mais gastam, com tíquete médio em torno de 230 reais.

Mensalmente, todos os salões recebem uma equipe para checar se os indicadores permanecem dentro da meta. O índice de satisfação a ser perseguido é de 90%, mas os sócios esperam em breve alcançar 100%. Nada mais do que a perfeição.

Autoestima à venda

Atimidez era indisfarçável. O corpo franzino e desajeitado atraiu olhares de desconfiança que logo se transformaram em escárnio quando o candidato mencionou seu nome de batismo – John Lennon da Silva. No júri do *reality show Se ela dança, eu danço*, do SBT, estavam três bailarinos: João Wlamir, Lola Melnick e Jarbas Homem de Mello. Ao ouvir que Lennon tinha escolhido "A morte do cisne", Lola fez um comentário de gosto duvidoso: "Eu espero que sua interpretação seja boa, porque o figurino eu achei que não tem nada a ver."

O rapaz vestia tênis, calça, camiseta de malha bem larga e um boné com a aba virada para trás. Estava todo de preto, com alguns detalhes em verde na blusa e nos cadarços dos tênis. A observação não o intimidou. Respondeu que a roupa era a que usava em seu cotidiano na periferia de São Paulo. E que não pretendia impressioná-los pela aparência. Queria fazer a diferença com sua interpretação do solo criado pelo bailarino russo Mikhail Fokin para Anna Pavlova, que o executou pela primeira vez em 1907. No lugar de subir nas pontas e vestir-se todo de branco, Lennon propunha uma reinterpretação pouco usual do balé clássico. Coreografou passos de *street dance* para mostrar um cisne se debatendo até a morte.

Embalado pela música do compositor francês Camille Saint-Saëns, o candidato virou-se de costas para o júri e se pôs a dançar. Deu um show com seus movimentos coordenados e harmoniosos. Wlamir chorou. Homem de Mello bateu palmas de pé enquanto berrava "Braaaaaavo!". Apenas Lola pareceu não se sentir tocada. O máximo que se permitiu foi mexer as sobrancelhas em sinal de surpresa ao ver o colega chorar. Lennon recebeu nota máxima, mas não levou o prêmio.

O vídeo com sua performance, porém, se espalhou pelas redes sociais. Contabilizou mais de 1,5 milhão de visualizações no YouTube. O rapaz, que nascera com nome de artista, conquistou a fama aos 20 anos. Foi apontado como uma aposta pela revista *Bravo!* (já extinta). Poucos meses após sua apresentação no SBT, foi convidado para abrir a Bienal Internacional de Dança do Ceará, em 2012. Aceitou e, quando voltou para casa, anunciou que ia parar de dançar.

Zilda escolheu exibir o vídeo num evento interno do Beleza Natural que se repete mensalmente há cinco anos, o Time BN. A história do rapaz servia para discutir o preconceito e lembrar que perpetuar as práticas das quais foram vítimas é proibido da porta do salão para dentro – e, se possível, da porta do salão para fora. A aparência de uma eventual cliente não pode suscitar nenhuma espécie de rejeição, como ocorreu com o bailarino antes da apresentação. Já aconteceu de aparecer cliente que, por falta de dinheiro, não usava xampu havia seis meses. Todo o dinheiro que conseguiu poupar foi usado para aplicar o Super-Relaxante. As atendentes precisam estar atentas para não reproduzir discurso, olhar ou gesto preconceituoso. É com esse tipo de preocupação que a cultura da rede será perpetuada em cada salão e por cada funcionária.

No Time BN, as funcionárias apresentam estratégias de custos baixos adotadas para estimular as vendas e fortalecer a marca e seus valores. Numa das reuniões, ocorrida em 2014, a equipe de Niterói contou que distribuiu balas de eucalipto no salão. Escolheram associar o frescor da planta ao aspecto do cabelo depois do uso de um determinado produto, o SpaCapilar – indicado para cabelos danificados pelo uso de química. Apelaram novamente para o paladar quando decidiram divulgar o

Hidraforce, desenvolvido à base de óleo de manga e queratina. Distribuíram uma fatia da fruta espetada em um palito. As meninas de Madureira, Zona Norte do Rio, ofereceram sorvete às clientes num dia em que a temperatura chegava a 40 graus e a sensação térmica, a 50.

Cada salão manda para o evento um grupo de "belezetes" – como se autointitulam as meninas que trabalham em cada um dos endereços da rede. Elas capricham no penteado e na maquiagem. Ser vaidosa não é imprescindível, mas ajuda a fortalecer a ideia contida no slogan "Bonita é ser você". Na plateia da apresentação podem estar Zica ou Leila, ou até as duas. É o momento de deixar o anonimato.

Juntas, as funcionárias formam um exército de cacheadas expansivas que transmitem autoestima. Por trás da estampa caprichada, porém, podem se esconder histórias dramáticas de abandono e violência doméstica. Todas já foram alvo de discriminação e não há quem não colecione, desde a infância, apelidos pejorativos por conta da cabeleira farta e crespa.

∼

O Beleza Natural conta com 3,5 mil funcionários, dos quais 90% são mulheres. O cargo inicial é o de auxiliar 1 – responsável por separar o cabelo da cliente em mechas. A remuneração mínima é de 20% acima do salário mínimo. Zica faz questão de formalizar a função. É como procura reescrever a história de uma legião de jovens que nasceram negras e pobres como ela. Apesar da pouca idade, muitas são mães de um ou mais filhos. Ao proporcionar orientação em relação à vacinação de crianças e até mesmo a problemas mais graves, como violência e despejo, as gerentes dos salões desempenham muitas vezes o papel de psicólogas.

Para ser admitida no Beleza Natural, é preciso realizar um curso gratuito – diferentemente do que ocorre nas grandes redes de cabeleireiros, em que o treinamento é cobrado. São turmas com 25 alunas em média. Cada uma recebe ainda 30 reais para despesas com condução. Elas têm três chances para repetir as provas, oral e escrita, quando não se saem bem. As apostilas, com tópicos como a estrutura do cabelo e a técnica de aplicação do Super-Relaxante, não podem sair do salão. O curso termina com uma cerimônia de formatura. As alunas vestem uma beca vermelha e recebem um certificado das mãos de Zica. Ao final, no lugar de jogarem o capelo, como costumam fazer as universitárias, elas jogam os cabelos.

Leila criou neologismos para traduzir a cultura da rede de cabeleireiros:

Gosto de dizer para minha equipe: quero nesta empresa pessoas "gentófilas", ou seja, gente que goste de estar com pessoas e de servir. Os "coisófilos" que me desculpem, mas quem gosta de ficar trancado numa sala apenas com um computador e acha que gente é só fonte de dor de cabeça não serve para uma empresa que se propõe a valorizar as mulheres, sejam elas colaboradoras ou clientes.

Para testar se a candidata se enquadra no que Leila chama de "coisófila" ou de "gentófila", é preciso aplicar um teste: o "DNA do Beleza Natural", uma espécie de funil para reduzir a margem de erro na contratação. O teste é composto por um questionário de 24 perguntas numeradas segundo o grau de importância. Entre as perguntas estão: "Qual destas cores mais se parece com sua personalidade?", "Com qual ambiente de trabalho você mais se identifica?", "Para você, o que é servir alguém?", "Qual trecho de música fala mais de você?".

∽

Saber aplicar o Super-Relaxante é imprescindível, mas os sócios também esperam da futura funcionária um engajamento com a cultura da empresa, valor intangível. Se o hábito de servir não for natural, é possível aprendê-lo e os sócios estão dispostos a ensinar. Diz Leila:

Cultura é uma construção diária, baseada em atitudes e exemplos. Nós, empreendedores, somos o primeiro espelho da cultura que queremos formar. E o melhor treinamento é o exemplo.

Zica é embaixadora da marca dentro e fora da empresa. Tudo o que faz é observado com lupa por funcionárias e clientes. Quando foi entrevistada por Marília Gabriela, no SBT, a página da empresa no Facebook foi bombardeada com perguntas sobre onde comprou a sandália, o vestido, o batom. Ela capricha no visual e, em todas as situações, transmite sinceridade ao contar sua história. É algo que cria uma cumplicidade imediata com o interlocutor.

Zica participa de cafés da manhã com funcionárias e clientes. Durante a Copa do Mundo, ela e um grupo de belezetes pararam o trânsito de Ipanema nas imediações do salão. Vestindo perucas *black power*, desfilaram pelas ruas até tirar o acessório e balançar os cachos.

Para estimular o hábito de servir, uma vez por ano alguns salões são transformados em pizzaria. Zica também se transforma – prende o cabelo em um rabo de cavalo, coloca um chapéu de mestre-cuca e veste um avental para fazer as vezes de *pizzaiolo*. Com o crescimento, não há mais como programar a festa para todos os salões. A escolha de onde ocorrerá a "Cantina da Mamma Zica" agora é feita por sorteio. O evento entrou para o calendário oficial do Beleza Natural. É um dia de comilança e música.

A cultura da empresa começou a ser forjada desde o primeiro dia no salão da Muda. Zica, à época, não servia pizza. Não tinha dinheiro para isso. Mas servia um café fresquinho. Funcionárias antigas se lembram do tempo em que "seu Jair" distribuía no escritório-sede envelopes com uma pequena gratificação de Natal.

Zica passou a vida servindo os outros – como babá, faxineira e empregada doméstica. Transformou a obrigação de servir em uma das principais características do seu próprio negócio. A maioria das clientes, por ser oriunda da classe C, também passa a vida servindo. Quando chegam ao salão, elas trocam de lado, são servidas e até mimadas. O mimo vem de um valor agregado ao serviço que não é mensurável. Os sócios criaram não só uma fórmula para tratar cabelos crespos, mas um conceito de negócio inovador.

Outro evento que ocorre anualmente é o "Superação", uma competição em que as filiais disputam os prêmios de melhor atendimento, limpeza, cumprimento dos padrões e ideias inovadoras para encantar as clientes. Acontece desde 2004, quase sempre em novembro. O que mudou desde então foi sua abrangência, por conta dos mercados fora do Rio de Janeiro. As melhores práticas são implantadas no ano seguinte nos demais salões.

Para encantar a clientela, Leila exige atenção redobrada dos executivos no momento da contratação. O objetivo é reduzir a margem de erro. Ela comenta sobre o rigor adotado na seleção de pessoal:

Não adianta contratar gente "coisófila" e achar que o treinamento vai transformar a pessoa em alguém capaz de sorrir genuinamente, servir com humildade e prazer, trabalhar em equipe com empatia e sinergia. A técnica, a rotina, os procedimentos de cada negócio são fáceis de ensinar, mas sorrir com a alma não se ensina. É algo que se garimpa e burila. O endomarketing é uma ferramenta incrível, mas nada substitui o poder do exemplo em um terreno fértil de gente que gosta de gente.

Criado para oferecer um dia especial às clientes e às funcionárias, o "Transformação" foi outro evento que entrou para o calendário oficial da empresa.

A baiana Rita de Cássia Medeiros da Silva gasta duas horas de ônibus para chegar ao salão do bairro da Liberdade, em Salvador. Mãe solteira e aposentada precocemente por invalidez, passou a frequentar o Beleza Natural em meados de 2014, quatro anos depois da abertura do salão na capital baiana. Tinha, à época, 47 anos. Passou a vida sonhando com o dia em que sairia à rua com o cabelo solto. Após anos de alisamento e muitas queimaduras no couro cabeludo, já chegara a ficar praticamente careca. Uma sobrinha, funcionária da empresa, indicou o tratamento. A primeira tentativa foi frustrante. Como seu cabelo estava bastante danificado, ela teria que cortá-lo bem curto, o que no *book* da rede é denominado "corte um". Cássia voltou para casa para pensar no assunto. Talvez fosse o caso de insistir no alisamento, mesmo com o risco de novas queimaduras. Mas resolveu voltar ao instituto para cortar o cabelo e dar início ao tratamento. Só que antes comprou um chapéu de palha: "Não queria sair na rua com o cabelo curto." A primeira mecha cortada levou-a às lágrimas. Ela conta que a cena chamou a atenção das cabeleireiras do salão, que logo sugeriram presenteá-la com a "Transformação". A maquiagem, a sombra, o rímel e o blush conferiram um novo colorido à sua expressão cansada e abatida. Ela se achou tão bonita que abriu mão do chapéu de palha. Refletindo sobre aquele dia, diz que deixou 20 anos da sua vida no Beleza Natural. Com o tempo, recuperou os cachos e decidiu usar cabelo comprido até a altura dos ombros.

A venda de autoestima é uma moeda de troca que passa de mão em mão e ajuda a transformar vidas dentro e fora do salão. São comuns relatos de clientes e funcionárias que voltaram a estudar e, sobretudo, a sonhar em melhorar de vida, seja mudando de emprego ou se separando do marido (é expressivo o número de clientes e funcionárias vítimas de violência doméstica).

Zica conhece, por experiência própria, a dor de cortar o cabelo bem curto. Por ter vivido as mesmas angústias de suas clientes, decidiu inovar nas latas de lixo, substituindo-as por baldes de gelo. No Beleza Natural, as mechas cortadas são varridas com uma vassoura especial de inox e design moderno. O cabelo não é descartado como um lixo qualquer. Daí o ritual de recolhê-lo em vez de simplesmente jogá-lo fora. Com o tempo, o balde de gelo foi substituído por porta-revistas em formato de balde, brancos e permanentemente limpos.

~

Histórias de bullying e racismo costumam fazer parte da vida das meninas que têm cabelo crespo. Foi o caso de Letícia Delmindo Rangel, advogada especializada na área de família. Sua mãe, Olga, chegou a fazer promessa para Nossa Senhora Aparecida, padroeira do Brasil, para que a filha voltasse a gostar do próprio cabelo. A mãe não se conformava de ver a filha, desde criança, de coque. Nem para dormir a menina soltava o cabelo.

Tudo começou na escola. Estudiosa, Letícia gostava de sentar na frente. A professora não permitia porque sua "juba" atrapalhava a visão dos colegas. Desde o dia em que foi discriminada, a menina passou a usar coque e nunca mais soltou o cabelo. Só na faculdade se permitiu liberar os cachos após seguir o conselho de uma amiga de Cabo Verde, frequentadora do Beleza Natural. Ao chegar à loja da Tijuca, acompanhada da amiga, Letícia conheceu Zica. Ela estava lá para gravar um programa para o Canal Futura. Como era sua primeira vez, Letícia participou da gravação. Ficou tão encantada com o resultado que permaneceu 15 dias sem lavar o cabelo. O medo era que ele voltasse às origens. Não deixou mais de frequentar os salões, ainda que a rejeição tenha continuado. Mesmo se saindo bem na entrevista para um renomado escritório de advocacia no Rio, não foi contratada. Alegaram que seus cabelos crespos e cacheados não correspondiam ao padrão exigido pela banca – muitas vezes o bullying evolui para cenas de racismo explícito, como ocorreu com Letícia. O preconceito, diz ela, foi um fato isolado. A advogada trabalhou em outros escritórios antes de abrir o seu.

A paulista Vivian de Souza Barros estava na plateia de uma das primeiras palestras de Zica e Leila após o Beleza Natural ser aprovado na Endeavor. A moça não estava feliz no trabalho, onde era especialista em comércio exterior, e tinha acabado de perder a mãe. O cabelo sempre fora um problema – andava com ele alisado, ainda que não gostasse do resultado. A palestra foi transformadora. Por oito anos, acalentou o desejo de trabalhar na rede. Enquanto realizava cursos de maquiagem, cabeleireira e manicure, manteve-se em contato com Leila. Anos se passaram até que um dia recebeu um telefonema. A rede estava abrindo o salão de Tatuapé. A noite que antecedeu a entrevista foi passada em claro. Ao saber que tinha sido aprovada, caiu no choro. Vivian hoje é gerente operacional da loja e virou modelo do *book* de cortes.

Os pais de Márcia Silveira, filha única, sempre valorizaram a educação da filha. Todo o ensino fundamental da menina foi em escolas particulares, o que a obrigou a conviver com ambientes frequentados predominantemente por pessoas brancas. Aos 10 anos, começou a estudar inglês. Sonhava tornar-se jornalista. Formada, foi trabalhar como assessora de imprensa e, em 2008, assumiu o cargo de gerente de comunicação do Beleza Natural. Só então passou a valorizar os cachos, antes escovados para combinar com as lentes de contato cor de mel que usou por anos. Ao adotar tranças rastafári na pré-adolescência, sofreu com o apelido de Steve Wonder – os meninos da sua escola cantavam *I just call to say I love you* sempre que ela passava pelos corredores. Para ser aceita, Márcia acabou adotando o cabelo alisado. "Só me livrei da ditadura dos cabelos lisos na vida adulta, quando passei no processo seletivo do Beleza Natural", conta.

Ordália Cruz Balbino da Silva tem 35 anos. É filha de pai negro e mãe branca de olhos verdes. Aos 11 anos, seus pais se separaram. A mãe, Maria das Graças, se casou novamente e mudou-se para o Méier com as duas filhas. Ordália, a primogênita, puxou ao pai, e sua irmã, à mãe. "Era a única negra na rua onde morei dos 11 aos 18 anos", conta Ordália, criança tímida que se tornou uma adolescente ainda mais introspectiva. Ela se achava feia e morria de vergonha do cabelo crespo e volumoso. "Cresci com baixa autoestima", admite. Quando entrava em um ônibus – numa época em que a roleta ainda se situava na parte traseira do veículo –, só avançava para a porta de saída quando estava prestes a descer. Preferia ficar espremida no fundo a ser obrigada a atravessar o corredor e ser observada pelos passageiros. Também não entrava em certas lojas, pois tinha medo de ser tomada por assaltante. A mãe ignorava o sofrimento da primogênita. Sua única preocupação era saber se ela estava bem alimentada. As esquisitices da filha eram vistas como capricho.

Em 2001, Ordália foi apresentada ao Beleza Natural por uma amiga e cliente. A primeira vez que pisou num dos salões foi convencida a cortar o cabelo bem curto. Ela se sentiu ainda mais feia. Um dia decidiu arriscar, apostando que ficaria com cachos iguais aos da amiga. "Comecei a trabalhar como manicure para pagar o tratamento", conta. À medida que o cabelo crescia, Ordália se via como uma nova mulher. Passou a se sentir mais segura, mais bonita. Permitiu-se ter ambições. Meteu a cara nos livros e passou para o curso de Letras na Universidade do Estado do Rio de Janeiro (Uerj). Foi a primeira da família a ingressar numa faculdade. Desde que se tornou cliente da rede, o sonho de ser funcionária jamais a abandonou. Não tinha a pretensão de trabalhar como professora de português ou inglês, mas concluiu a faculdade. Tomou coragem e mandou um currículo. Foi chamada para entrevista e aprovada. A carreira foi meteórica: atendente, supervisora, gerente operacional e gerente comercial – cargo mais alto na hierarquia dos salões.

A carioca Silvana Jesus também passou a infância com vergonha do cabelo. Na adolescência, não saía de casa sem passar gel ou molhar os fios para baixar o volume. Na vida adulta, foi trabalhar como doméstica. Estimulada pelas amigas, mandou o currículo para a Caixa Econômica Federal. Foi chamada para entrevista, mas não compareceu: "Fiquei paralisada pela minha própria insegurança, pois não achava que minha aparência fosse profissional." Uma vizinha, à época gerente do Beleza Natural, sugeriu que deixasse seus dados numa das filiais. A primeira visita a um dos salões a fez decidir que era ali que gostaria de trabalhar. Sil, como é chamada, passou no teste. Três anos depois de admitida, tornou-se assistente de atendimento na filial de Ipanema. Com os cabelos cacheados, passou a se achar bonita. Adora contar sua história para clientes com problemas de autoestima. A menina tímida deu lugar a uma mulher falante, que faz palestras para divulgar o trabalho da rede. Ela ingressou no time das multiplicadoras – um grupo de belezetes responsáveis por preservar e propagar entre as novas funcionárias a cultura empresarial do Beleza Natural.

A cearense Geovana Gomes Silveira foi outra que deixou para trás uma infância miserável e se transformou em profissional reconhecida. Tinha dois anos quando sua família seguiu para o Rio de Janeiro de carona. Dormiram anos nas ruas. Só depois de sua mãe arrumar trabalho foi que alugaram um quarto, próximo a um antigo lixão, na Baixada Fluminense. "Cheguei a comer angu de cachorro", contou à revista do Beleza Natural. Seguindo os passos da mãe, diplomou-se no ensino médio. Fez o curso de cabeleireira do instituto, passou nos testes e foi alocada na filial de Niterói. "No Beleza Natural, aprendi valores como ética e disciplina", conta.

~

As irmãs Freitas, de Volta Redonda, descobriram o Beleza Natural em reportagem publicada na revista *Você*. Ficaram encantadas. Começaram a pesquisar os endereços dos salões no Rio. A primogênita da família – Angela, que completou 61 anos em 2014 – convenceu Vicente, seu marido, a levá-la de carro até o salão de Niterói. Sua irmã, Maria Inês, a acompanhou. Outras quatro irmãs se interessaram. O ano era 2005. Voltaram para casa muito satisfeitas com o resultado. No mês seguinte, repetiram a viagem. Dessa vez, foram três carros. Além das irmãs, sobrinhas e parentes se juntaram à caravana. Os cachos passaram a fazer sucesso na cidade e as irmãs convenceram os sócios a abrir um salão em Volta Redonda.

Oito anos se passaram até que realizassem o sonho. Ele custou caro para os sócios – um loja e meia, porque tiveram de construir do zero o novo salão que ainda ganhou uma subestação elétrica para compensar a oferta insuficiente de energia na região. Enquanto isso, as irmãs transformaram a ida aos salões da rede no Rio – primeiro em Niterói e, a partir de 2006, em Campo Grande –, numa festa. Organizaram uma carreata, que evoluiu para um micro-ônibus e depois para um ônibus com capacidade para 46 passageiros. Passaram a produzir um boletim informativo – o *Belezetes* – e a promover concursos no interior do ônibus. A dona dos cachos mais bonitos era eleita rainha, com direito a manto, cetro e coroa. Dependendo do mês, viajavam fantasiadas. Em fevereiro, distribuíam acessórios carnavalescos. No mês de junho, lenços xadrez e chapéus de palha. Carnaval, festa junina, Dia dos Namorados... Tudo era motivo para festas.

O turismo capilar das irmãs Freitas estimulou os sócios a organizar caravanas mais estruturadas. A partir de 2008, a empresa passou a comandar o negócio. Atualmente, são cerca de 190 líderes de caravanas. As catarinenses frequentam o salão de Duque de Caxias. As mineiras de Itabira trocaram os endereços do Rio pelos de Belo Horizonte depois que a empresa chegou ao estado. As baianas de Feira de Santana trocaram os salões do Rio pelos de Salvador.

As irmãs Freitas sentem saudade dos velhos tempos, mas admitem que hoje o trajeto é mais fácil, mais rápido e, sobretudo, mais curto.

A filha de uma delas, Najara, começou a frequentar a caravana ainda adolescente. Hoje é gerente do salão de Volta Redonda. "Já estamos na terceira geração da família Freitas nos salões do Beleza Natural", conta Angela.

A história é sempre a mesma. As clientes viajam quilômetros e não se importam de passar a noite inteira no ônibus. Se não conseguem alguém para ficar em casa com os filhos, não mudam os planos. Elas os carregam junto e, às vezes, também o marido, convocado para tomar conta das crianças. Costumam chegar ao destino ainda de madrugada, em grupos que variam de 40 a 90 mulheres. Saem dos ônibus ou das vans apressadas para garantir um lugar na fila.

Os salões de Salvador passaram a concentrar a maioria das clientes da região Nordeste. Num ano, receberam 55 mil clientes em quase 2 mil caravanas. São, em média, 164 ônibus lotados todos os meses. As caravanas da autoestima, como são conhecidas, passaram a funcionar quase como um negócio paralelo ao empreendimento principal.

~

A rigidez de metas não impede que a descontração seja uma das prerrogativas para se manter no quadro de pessoal. Aquele que não compactua com esse sistema de valores acaba demitido ou pede demissão. O rigor e a disciplina exigidos dos empregados não constroem um ambiente formal, com executivos circunspectos. Zica é a antítese da sisudez, ainda que austera em padrões e valores. A inauguração de um novo salão, com funcionárias recepcionando donos e clientes com música e dança, a deixa exultante.

Não importa o ritmo – pagode, funk, rock, samba, MPB... Os sucessos que tocam nas rádios ganham paródias, novas versões e muitos remixes. As letras exaltam os cachos e a autoestima. Os shows incluem coreografia. Anitta lidera o *hit parade* do Beleza Natural em diversas praças: Os sucessos "Não para" e "Zen" foram adaptados. O refrão de "Meiga e abusada" virou o seguinte:

Toda produzida (ah!) sou belezete
Meiga e maquiada faço todo mundo ver
Que pra ter cabelo cacheado só precisa ser você
Vem no Beleza conhecer

Linda e perfumada (ah!) sou sorridente
Venha fazer parte desta grande união
Hoje eu sou linda e cacheada, pra chapinha digo não!

O funk de Valeska Popozuda "Beijinho no ombro" também ganhou uma versão bem-humorada:

Balance os cachos e mande beijo pro recalque
Balance os cachos hidratados é transformação
Balance os cachos e entre nesse bonde
O bonde da Zica é nova sensação

A música "Festa", da baiana Ivete Sangalo, transformou a inauguração do salão de Tatuapé, na Zona Leste de São Paulo, em um grande palco. Seu sucesso foi interpretado pelas belezetes da seguinte forma:

Festa no shopping
Pode vir no Boulevard
Estamos na Zona Leste
Pode vir, vem cachear

"Tropa de elite", da banda Tihuana, também foi adaptada:

Tropa da Zica
Pode vir, pode chegar
Vem com o seu cabelo crespo para ele cachear

Quando ouve as belezetes cantarem, Zica se lembra dos velhos tempos do baile do Renascença com Mario. Ela se põe logo a dançar. No "Bloco das Cacheadas", revive os tempos de avenida em que defendia o Salgueiro. Todos os anos o bloco desfila na Praça Saens Peña, na Tijuca. Funcionárias compõem o samba-enredo e assumem a bateria da escola. Zica e Leila capricham nas plumas e nos paetês, sobem no salto, encurtam as saias e caem no samba.

Fábrica de cachos

Quando os africanos eram deportados na condição de escravos, primeiro perdiam a identidade e depois os cabelos, que eram raspados. O intuito era humilhá-los e eliminar qualquer traço cultural do país de origem. É sabido que, entre os povos da África, o cabelo pode indicar estado civil, idade, religião, etnia, pobreza ou riqueza.

O Brasil foi o país que mais importou esse tipo de mão de obra e onde a prática perpetuou-se por todo o século XIX. Foi o último país do Ocidente a abolir a escravidão. Ao longo de todo o período escravagista, os africanos foram submetidos ao ritual de raspar a cabeça.

Zica e Rogério são bisnetos de escravos pelo lado paterno, ainda que desconheçam a origem de seus ancestrais. Ao adotar o estilo *black power* na adolescência, Zica, sem saber, aderia ao movimento político e de intervenção estética americano dos anos 1960. O grito de liberdade, que combatia a submissão dos negros pelos brancos, ecoou pelo mundo. O orgulho negro cresceu lá e aqui a partir da década seguinte. A valorização do cabelo como afirmação de identidade se desdobrou em diferentes penteados e cortes. Era a volta dos cabelos crespos e revoltos, que ao longo da história assumiram formas que evoluíram dos *dreadlocks* às tranças, passando pelo crilouro (cabelo crespo pintado de louro).

Os sócios do Beleza Natural sempre tiveram em mente realizar um sonho antigo das clientes: mudar a cor dos cabelos. Tornar-se crilouro é um desejo que não para de ganhar adeptos. A cantora americana Beyoncé é a musa inspiradora do modismo. No Brasil, o modelo mais copiado é o da atriz global Sheron Menezes. Por ser incompatível com outro tipo de química, o Super-Relaxante exclui a possibilidade de brincar com a paleta de cores. É impossível clarear, virar ruiva ou pintar mechas azuis, rosa, laranja, vermelhas, verdes... Ainda que nem de longe fosse uma solução, a alternativa era outro produto da linha BN, o Hidracor. Por se tratar de tonalizante, o cabelo recupera a cor natural após algumas lavadas.

No final de 2014, tudo mudou. O bn.Cor levou seis anos para chegar aos salões da rede, desde a fase de pesquisa e desenvolvimento até a liberação pelos órgãos competentes. Os testes de laboratório começaram em 2008 e foram comandados pelo químico Daniel Weingart, que coordena uma equipe de pesquisadores na Fundação Bio-Rio – pólo de biotecnologia instalado no campus da Universidade Federal do Rio de Janeiro (UFRJ).

Weingart não usa nada de origem animal nas pesquisas. Ele estuda produtos naturais, tais como plantas, sementes, folhas e raízes nas cadeias produtivas de cosméticos e de alimentos. Adelaide Botelho, gerente de Pesquisa e Desenvolvimento da Cor Brasil, recebeu-o para uma visita técnica no ano 2000. Contou sobre a vontade dos sócios do Beleza Natural de encomendar projetos customizados. Leila vislumbrava parcerias científicas com centros avançados de pesquisa. Desde então, o pesquisador e os sócios trabalham em parceria.

Os testes do bn.Cor começaram em 2008. A patente foi concedida pelo INPI em 19 de setembro de 2011. Por se tratar de produto inovador, como fora o Super-Relaxante, os técnicos da Anvisa refizeram os testes no bn.Cor mais de oito vezes. Todos os resultados, do primeiro ao último, revelaram que ele era inofensivo à saúde humana. O produto clareia o cabelo até três tons a cada aplicação e não sai na água.

Três anos depois, em setembro de 2014, a Anvisa autorizou a venda do produto. Era mais uma batalha vencida. Em dezembro daquele ano, o produto chegou ao mercado.

O ano de 2014 foi marcante para o Beleza Natural. Poucos meses antes de lançar o bn.cor – primeira de uma série de parcerias com centros de pesquisa –, os sócios haviam brindado a uma grande conquista: a marca BN fora agraciada com o certificado de patente na Europa. O mesmo reconhecimento já foi reivindicado ao Departamento Americano de Comércio e Patentes (USPTO, na sigla em inglês).

Ainda que a passos cautelosos, são os primeiros movimentos em direção a uma internacionalização. O assunto já foi discutido com os sócios da GP Investimentos. A frase de Zica para os membros da banca internacional da Endeavor – "Quero conquistar o mundo" – vem ganhando forma. Leila admite que o assunto está no radar. É cedo para pensar de maneira mais estruturada, mas o agravamento da crise econômica no Brasil em 2015 fez acelerar a prospecção do mercado americano. Leila explica:

Uma das alternativas seria firmar uma joint-venture. A outra, montar uma estrutura como a da Churrascaria Fogo de Chão, que levou para os Estados Unidos colaboradores brasileiros. Ainda temos muitas dúvidas.

⁓

A indústria de cosméticos tem algumas particularidades. Uma delas é que a pressão por inovação tecnológica parte do próprio cliente. Foi o que aconteceu com Zica ao perseguir por uma década a fórmula do Super-Relaxante. A taxa de sucesso das pesquisas no setor é alta, de 20% a 25% – índice bastante superior ao da indústria farmacêutica, cuja legislação é infinitamente mais rigorosa. Ainda assim, apenas grandes empresas investem em pesquisa e desenvolvimento. O Beleza Natural, que nasceu em fundo de quintal, é exceção à regra.

Quando os sócios inauguraram o primeiro salão, a concorrência era residual. Nenhuma empresa oferecia produto similar ao Super-Relaxante. Com o tempo, surgiram o que os sócios chamam, até hoje, de "talibãs" – salões de fundo de quintal abertos por ex-funcionárias.

As multinacionais dos setores de estética e cosmetologia não tinham interesse econômico no público-alvo do Beleza Natural. Em apenas cinco anos, isso mudou. Entre 2005 e 2010, o Brasil se tornou um país de classe média. Com a mudança, grandes produtores de cosméticos arregalaram os olhos. Os consumidores da classe C passaram a ser vistos como economicamente atraentes. Segundo um levantamento da Target Group, 48% do consumo de beleza no país está concentrado nas mãos dessa parcela da população.

Não à toa, a gigante francesa L'Oréal adquiriu o controle da brasileira Niely, famosa por suas tinturas de cabelos voltadas para a baixa renda. Segundo declaração do principal executivo da empresa, Jean-Paul Agon, ao jornal *Valor Econômico*, em entrevista publicada em 3 de julho de 2014, o Brasil era o único no mundo que, sozinho, representava uma região geográfica de negócios da companhia. Tamanha importância justificava a abertura de um centro de pesquisa para desenvolver produtos mais adequados ao consumidor brasileiro. O empreendimento vai ser instalado na ilha do Fundão, próximo à Bio-Rio.

Os sócios do Beleza Natural sabem que a concorrência cresce à medida que a classe C se torna mais atrativa para o capital. Sua linha de produtos concorre com gigantes como a L'Oréal e a Procter & Gamble num mercado com vendas anuais estimadas em 900 milhões de reais.

Quando nasceu, a fábrica Cor Brasil tinha atributos inovadores. O tempo passou e ela se transformou em laboratório de pesquisa e desenvolvimento. Atualmente, produz apenas o Super-Relaxante. As instalações ocupam dois galpões geminados em Bonsucesso numa área de 1.500 metros quadrados.

Uma unidade mais moderna já foi projetada, faltando escolher onde será instalada. Os recursos financeiros já estão disponíveis após a parceria com a GP Investimentos. A ideia é montar uma universidade dos cachos no novo parque fabril, a exemplo da universidade corporativa McDonald's, onde são ministrados cursos a funcionários de diversos níveis gerenciais e de liderança. Rogério afirma que os sócios pretendem continuar terceirizando a produção de alguns itens, mas que a fábrica é importante para "o controle de qualidade de tudo o que está sendo registrado".

Dilemas do crescimento

Leila sempre se espelhou em Lemann, Telles e Sicupira para guiar seu próprio negócio. O trio acredita, e defende vigorosamente, que "sonhar grande e sonhar pequeno dá o mesmo trabalho". De sonho em sonho, o Beleza Natural se tornou a segunda maior empresa da Endeavor uma década depois de entrar para a ONG. A executiva é o tipo de sonhadora que aposta alto com os pés no chão. Ela tem consciência de que, para chegar a 120 salões de cabeleireiros até 2018, precisa manter intacto um conjunto de valores que persegue como dogma.

Fersen costuma defender que todas as empresas de varejo bem-sucedidas funcionam como uma espécie de seita. "Não conheço nenhuma que não seja", diz. No Beleza Natural, não é diferente. Leila e Rogério vivenciaram o modelo no McDonald's, aprovaram-no e o transplantaram para o próprio negócio. A inauguração das primeiras filiais mostrou que perpetuar cultura e valores é o alicerce que sustenta a empresa e que Zica é sua engenheira e operária. Ela sempre soube que sua inovação, o Super-Relaxante, é apenas o meio para chegar ao benefício vendido nos salões da rede: a autoestima.

O pequeno salão da Muda, onde tudo começou, é uma imagem distante. Foi lá que os sócios do Beleza Natural plantaram os primeiros pilares da cultura empresarial que defendem até hoje. À medida que a expansão ganhou volume e velocidade, os dilemas do crescimento ficaram mais agudos, difíceis e complexos. Diferenças culturais, regionais e até climáticas passaram a fazer parte do conjunto de variáveis a considerar quando a empresa chega a um novo mercado. Em São Paulo, descobriram que o uso excessivo de água quente pelas clientes as deixava com o cabelo mais ressecado do que em outras praças. Foi necessário flexibilizar o tempo de aplicação do Super-Relaxante. Em Salvador, precisaram vencer a resistência do forte movimento negro local. Diz a socióloga Vilma Reis, baiana nascida em Salvador e criada em Nazaré das Farinhas, no Recôncavo Baiano:

Não uso os produtos do Beleza Natural. Desde que assumi a militância negra, nunca mais coloquei nenhum tipo de química no cabelo. Mas tenho de admitir que o salão é um luxo, oferece cafezinho para as clientes, tem ar condicionado. É um lugar digno e feito para a mulher negra de qualquer classe social. Esta para mim é a força simbólica do empreendimento, sem precisar apelar para o discurso racial.

Coordenadora do Centro de Estudos Afro-Orientais (Ceao) da Universidade Federal da Bahia, Vilma conheceu o salão do Largo do Tanque, no bairro da Liberdade. Ela tinha ido levar uma amiga, também militante do movimento negro, para relaxar o cabelo. Saiu de lá impressionada:

Estava apinhado de mulheres dos lugares mais desrespeitados da cidade, que estavam lá com o dinheiro contado, mas felizes por realizar o sonho de saírem diferentes, conquistarem um emprego. Não me importa a religião da Zica. Quem fez o que ela conseguiu fazer junto com seus sócios é uma mulher iluminada pelos orixás.

Qualquer processo de crescimento pode ser bom ou ruim para uma empresa. Ela pode atingir o sucesso, ser derrotada pela concorrência ou mergulhar num processo de autodestruição por incapacidade de se renovar. Fersen aposta num futuro promissor:

Se a Zica falasse que vende um tratamento especial de cabelo, acho que ela estaria cometendo um erro grave. Ao definir que a empresa vende autoestima, e se isso se mantiver, o Beleza Natural vai durar eternamente.

Manter a conexão emocional com os clientes é agora o maior e mais complicado desafio. Se conseguirem, o resultado financeiro será consequência – ainda que se trate do objetivo primordial da GP Investimentos. Falta muito para conquistar o mundo. Mas, como sonhar grande ou pequeno dá o mesmo trabalho, os sócios continuam fazendo de tudo para torná-lo realidade. A internacionalização é agora prioridade. Nova York foi escolhida como o primeiro destino. O mercado americano já começou a ser prospectado. O pensador indiano C. K. Prahalad considera que, para ser empreendedor, é preciso sonhar grande e ter aspirações maiores do que os recursos financeiros disponíveis. Desde que abriram o primeiro salão na Muda, Zica, Leila, Rogério e Jair vêm se mostrando empreendedores natos. Agora querem mostrar que o Beleza Natural pode ser reproduzido em qualquer idioma. A linguagem da autoestima do Beleza Natural será sempre universal.

Bibliografia

ARAUJO, Leusa. *O livro do cabelo*. São Paulo: Leya, 2012.
AUTRY, James. *O líder servidor*. São Paulo: Verus Editora, 2001.
BESBES, Omar et al. *Beleza Natural*. Estudo de caso. Columbia Business School: Nova York, 2013.
BURLINGHAM, Bo. *Pequenos gigantes – As armadilhas do crescimento empresarial*. Globo: São Paulo, 2006.
CASOTTI, Letícia, CAMPOS, Roberta Dias e SUAREZ, Maribel. *O tempo da beleza*. Rio de Janeiro: Senac Rio, 2008.
CLEMENTE, Aline Ferraz. *Trança afro – A cultura do cabelo subalterno*. Artigo apresentado ao curso de Projetos Culturais e Organização de Eventos como requisito ao desenvolvimento da monografia. Escola de Comunicação e Artes. Curso de Estudos Latino-Americano sobre Cultura e Comunicação (Celacc). São Paulo: USP, 2010, disponível em http://200.144.182.130/celacc/sites/default/files/media/tcc/247-754-1-SM.pdf.
CORREA, Cristiane. *Sonho grande*. Rio de Janeiro: Primeira Pessoa, 2013.
DWECK, Ruth Helena. *O impacto socioeconômico da beleza – 1995 a 2004*. Estudo realizado por solicitação da Associação Brasileira da Indústria de Higiene Pessoal, Perfumaria e Cosméticos (Abihpec). Niterói: UFF, 2006.
FERREIRA, Ricardo Franklin. *Afrodescendente – Identidade em construção*. São Paulo: EDUC; Rio de Janeiro: Pallas, 2000.

FIGUEIREDO, Angela. *Cabelo, cabeleira, cabeluda e descabelada*. XXVI Reunião Anual da Associação Nacional de Pós-Graduação e Pesquisa em Ciências Sociais: Caxambu, outubro de 2002.

FIGUEIREDO, Luciano. *História do Brasil para ocupados*. Rio de Janeiro: Casa da Palavra, 2013.

FITOUSSI, Michèle. *A mulher que inventou a beleza – A vida de Helena Rubinstein*. Rio de Janeiro: Objetiva, 2013.

FREYRE, Gilberto. *Casa-grande & senzala*. Rio de Janeiro: Record, 2000.

GINO BOUZÓN, Patrícia. *O teu cabelo não nega? – Um estudo de práticas e representações sobre cabelos*. Tese de Mestrado no Centro de Estudos Gerais – Instituto de Ciências Humanas e Filosofia, Programa de Pós-Graduação em Antropologia e Ciência Política. Niterói: UFF, 2004.

GOMES, Nilma Lino. *Corpo e cabelo como símbolos de identidade negra*. Artigo do Departamento de Administração Escolar da Faculdade de Educação. Belo Horizonte: UFMG, 2002.

GOMES, Nilma Lino. *Sem perder a raiz – Corpo e cabelo como símbolos da identidade negra*. Minas Gerais: Autêntica, 2006.

MACKEY, John e SISODIA, Raj. *Capitalismo consciente – Como liberar o espírito heroico dos negócios*. São Paulo: Hsm Editora, 2014.

MARIAMPOLSKI, Hy; MOREIRA CASOTTI, Letícia e CARVALHO SUAREZ, Maribel. *Creating beauty at the base of the pyramid*. QualiData Research Inc.: Nova York, 2013.

PADRÃO, Ana Paula. *O amor chegou tarde em minha vida*. São Paulo: Paralela, 2014.

SANTOS, Jocélio Teles. "O negro no espelho - Imagens e discursos nos salões de beleza étnicos", IN *Estudos Afro-Asiáticos*, nº 38, pp. 49-66.

SOUZA, Neusa Santos. *Tornar-se negro*. Rio de Janeiro: Graal, 1983.

TELLES, Edward. *Racismo à brasileira – Uma nova perspectiva sociológica*. Rio de Janeiro: Relume-Dumará, 2003.

TUNGATE, Mark. *O império da beleza – Como o marketing da L'Oréal, Natura, Avon, Revlon, Nivea e outras mudou nossa aparência*. São Paulo: Seoman, 2013.

Revistas e jornais:

Acervo *O Globo* – edições dos dias 27 de julho, 28 de julho, 29 de julho, 30 de julho e 31 de julho de 1993.
AGON, Jean-Paul. Entrevista. *Valor Econômico*, 3 de julho de 2014.
DANTAS, Fernando. "Como o Brasil virou o país da Classe C". *O Estado de S. Paulo*, 21 de março de 2013.
JOLY, Heloísa. "A domadora de cabeleiras". *Veja*, 18 de janeiro de 2006.
LEITÃO, Miriam. *O Globo*, 2 de julho de 1994.
MAGALHÃES, Heloísa e MOURA DE, Paola. "GP compra 33% da rede de salões Beleza Natural". *Valor Econômico*, 1º de julho de 2013.
MELO, Roberto. *Jornal da Tarde*, outubro 1996.
ROMANINI, Carolina. "A profissional dos caracóis". *Exame*, 20 de novembro de 2013.
TAMAMAR, Gisele. "A fórmula mágica e secreta da ex-faxineira". *O Estado de S. Paulo*, 23 de junho de 2013.
VIEIRA, Sérgio e ALMEIDA, Cássia. "Nova pirâmide tem mais de 16 milhões de pobres". *O Globo*, 13 de agosto de 2013.

Agradecimentos

Leila Velez estava na fila do raio X do Aeroporto Santos Dumont quando foi abordada por um desconhecido, que se virou para ela, sorrindo, e a chamou pelo nome. Como nunca tinham sido apresentados, levou um susto. Respondeu ao cumprimento por mera educação e já ia apressando o passo quando ouviu do homem que seu nome, sua história e a dos sócios eram familiares e que faziam parte das conversas em sua casa há alguns meses. Contou que até seu filho já se sentia íntimo e conhecia de trás para a frente a trajetória do Beleza Natural.

Meu marido Lauro e meu filho Antonio foram testemunhas de como a história de Zica, Leila, Rogério e Jair passou a fazer parte do meu cotidiano no último ano. Eu acordava e dormia pensando neles, e nas histórias de bullying e de preconceito que ouvi no decorrer da apuração deste livro. O racismo está impregnado na nossa cultura e costuma vir à tona das mais diferentes formas. E, o pior, está naturalizado.

Lauro entendeu minhas ausências nos finais de semana quando passava o dia e, às vezes, a noite, trabalhando. Como jornalista, Lauro Jardim foi um leitor atento, rigoroso e crítico, mas generoso intelectualmente. Meu filho Antonio me socorreu em momentos tensos, quando eu me desesperava com problemas no computador ou no gravador.

À minha irmã Leila, a primeira e a mais antiga amiga, devo os comentários despretensiosos, mas pertinentes. Agradeço ao meu afilhado Marcelo e ao meu tio José Hilton, que ficaram torcendo à distância. À minha avó Dolores e à minha mãe Zuleide, a quem dedico este livro, por serem mulheres fundamentais na minha vida.

AGRADECIMENTOS

Agradeço aos meus editores Hélio Sussekind e Marcos e Tomás Pereira, que me deram a liberdade necessária para contar esta história e, sobretudo, a oportunidade rara de conhecer de perto uma trajetória empreendedora tão gratificante. E também a Virginie Leite, Melissa Lopes, Débora Thomé e Sylvia Abramson.

As jornalistas Cristina Alves e Ana Paula Baltazar dedicaram um tempo precioso à leitura dos originais. Sou grata a elas pela paciência e pelo rigor das observações.

Os amigos jornalistas Carlota Araújo e Carlos Magno e a fotógrafa Mirian Fichtner foram companheiros fiéis na tarefa de ouvir as histórias que fazem parte deste livro. Não me emprestaram apenas um ouvido passivo, me doaram uma escuta inteligente. O psicanalista Benilton Bezerra Junior abriu meus olhos para a possibilidade de alçar voos de que nunca imaginei ser capaz.

Daniela Oliveira, parceira de longas conversas, acompanhou o passo a passo deste livro. Suas observações me ajudaram a explorar melhor episódios da trajetória do quarteto. Por ter trabalhado anos na empresa, foi meu elo junto aos sócios, assim como a jornalista Márcia Silveira, peça fundamental para montar o quebra-cabeça desta história.

Os professores Daniel Weingart (Bio-Rio) e Marcelo Nakagawa (Insper Instituto de Ensino e Pesquisa) foram incansáveis no ofício de ensinar. A economista Ruth Dweck (UFF) me auxiliou com estatísticas e estudos de casos sobre os serviços de beleza no Brasil.

Zica, Leila, Rogério e Jair me concederam uma dezena de entrevistas. Contei com a ajuda de inúmeras pessoas que, direta ou indiretamente, contribuíram com os sócios-fundadores do Beleza Natural. Algumas me receberam pessoalmente; outras deram entrevistas por telefone. Todas, sem exceção, dispostas a contribuir e contar episódios que ajudaram a reconstruir a trajetória da empresa. A lista é enorme e, se não fosse a generosidade de cada uma delas, eu não teria colocado o ponto final nesta história.

INFORMAÇÕES SOBRE A SEXTANTE

Para saber mais sobre os títulos e autores
da EDITORA SEXTANTE,
visite o site www.sextante.com.br
e curta as nossas redes sociais.
Além de informações sobre os próximos lançamentos,
você terá acesso a conteúdos exclusivos
e poderá participar de promoções e sorteios.

www.sextante.com.br

facebook.com/esextante

twitter.com/sextante

instagram.com/editorasextante

skoob.com.br/sextante

Se quiser receber informações por e-mail,
basta se cadastrar diretamente no nosso site
ou enviar uma mensagem para
atendimento@sextante.com.br

Editora Sextante
Rua Voluntários da Pátria, 45 / 1.404 – Botafogo
Rio de Janeiro – RJ – 22270-000 – Brasil
Telefone: (21) 2538-4100 – Fax: (21) 2286-9244
E-mail: atendimento@sextante.com.br